불안이 삶의 무기가 되는 순간

"우리가 두려워해야 할 것은 두려움 그 자체다."

– 프랭클린 루스벨트 Franklin D. Roosevelt –

불안이 삶의 무기가 되는 순간

불안을 인생의 추진력 삼아 행복하게 사는 법

anxiety gives strength

최정우 지음

다른
상상

내 삶의 주도권을 잡아라

쉽게 잠이 오지 않는 밤이 있다. 아픔이 있는 날, 고민이 있는 날, 해결할 일이 있는 날, 불편한 사람과의 만남을 앞두고 있는 날, 중요한 결과를 기다리는 날, 미래가 불확실해 보이는 날이다. 그리고 이러한 밤에 잠이 오지 않는 이유는 '불안감' 때문이다.

그런 날은 잠도 잘 오지 않는다. 이리저리 자세도 바꿔보고 아무리 잠을 청해봐도 자꾸 생각만 많아진다. '나는 왜 이렇게 불안한 걸까?' 그 이유를 짐작할 수 있는 날도 있지만, 그렇지 않은 날도 있다. 불안의 원인을 모른 채 어둠 속에 누워 있는 것만큼 고통스러운 일도 없다. 그렇다고 내 맘대로 쉽게 가라앉힐 수도 없는 마음의 상태다.

처음에 이 책의 집필 제안을 받았을 때, 내게 불안이 찾아왔다. '이 책을 제대로 쓸 수 있을까? 이 주제가 나의 관심사일까? 내가 표현하고 싶은 아이디어가 충분히 담길 수 있는 주제일까?' 하는 생각이 들었기 때문이다. 이러한 고민과 불안은 이 책을 쓰는 동안 계속해서 나와 함께 했다. 불안이라는 주제를 풀어가며 나만의 불안을 겪었다. 그런 만큼, 이 책에는 내 불안의 흔적이 고스란히 스며들어 있다.

　불안은 이처럼 우리 삶에서 피할 수 없는 감정이다. 사랑할 때 불안을 느끼기도 하고, 새로운 모험을 떠날 때 불안을 느끼기도 한다. 병원에서 검사 결과를 기다릴 때, 혹은 밤길에 따라오는 그림자에 불안을 느끼기도 한다. 이런 불안은 우리가 인간이라면 누구나 느끼는 감정이다. 우리가 이 감정을 완전히 없애는 것이 아니라, 이 감정을 다루고 조절하는 법을 배워 삶에 적용해야 하는 이유다. 불안에 휘둘리지 않고, 불안을 조절하는 능력은 중요하다. 삶의 모든 순간에서 원하는 일을 성취하는 데 도움이 되기 때문이다. 내가 이 책을 쓴 이유고, 여러분이 이 책을 선택한 이유다.

이 책에서는 불안을 느끼는 다양한 상황, 원인, 대처 방법을 중심으로 다루었다. 우리가 일상에서 불안을 느끼는 상황을 최대한 구체적으로 제시하기 위해 노력했다. 우리 모두가 지닌 불안에 대한 공감과 위로를 전하고, 다방면에서 도움이 되기를 바랐기 때문이다.

또한 불안의 원인이 매우 다양하다는 사실을 강조하고 싶었다. 각 개인의 유전적, 성격적, 상황적 특성에 따라 불안을 느끼는 패턴과 원인은 다를 수 있다.

　마지막으로, 불안을 효과적으로 다루는 방법에 대해 소개했다. 불안을 경험했다면 마음, 행동, 태도 등 다양한 관점에서 불안을 극복하는 방법을 익힐 차례다. 취업을 위한 노력, 승진을 앞둔 부담감, 기다리는 중요한 소식, 인간관계에 대한 고민, 사랑하고 있는 사람에 대한 사랑, 이별의 아쉬움은 모두 불안이라는 감정으로 연결될 수 있다. 이러한 상황에서 불안을 느끼는 독자에게 불안을 조절하고 다루는 다양한 방법을 제공할 수 있다.

미국 전 대통령 프랭클린 D. 루스벨트는 "우리가 두려워해야 하는 것은 두려움 그 자체다"라고 말했다. 실제 대상이 중요한 것이 아니라 그 대상을 대하는 우리의 마음이 더 중요한 것임을 알려준다. 이 책을 통해 불안을 대하는 여러분의 마음이 더 의연해지고 튼튼해지기를 소망한다.

최정우

2장
의외의 감정과 연결된 불안

3장
불안이 삶의 무기가 되는 순간

4장

오늘의 불안을 다스리는 감정 습관

5장
불안을 이겨내면 삶이 풍성해진다

1장

심리학이
나의 불안에 말을 걸다

걱정 없는 인생을 바라지 말고,
걱정에 물들지 않도록 연습하라.

- 알랭 드 보통

불안이라는
마음의 불청객과 잘 지내는 법

불안(不安)은 말 그대로 '편안하지 않은 상태'를 말한다. 우리는 언제 편안하지 않을까?

극장에서 영화가 시작되었다. 옆자리가 비어 있는 걸 확인한 당신은 은근슬쩍 그곳으로 자리를 옮긴다. 훨씬 쾌적하고 넓다. 앞에 아무도 없어서 뻥 뚫린 느낌이다. 만족스럽다. 그런데 얼마 후에 영화 관람 지각생(?)들이 하나둘 나타나기 시작한다. '저들 중에 혹시 내가 앉아 있는 자리의 주인이 있는 건 아닐까?' 이때부터 당신의 마음은 불안해지기 시작한다.

가족과 함께 즐거운 마음으로 여행을 떠났다. 고속도로에 들어섰는데 계기판 주유등에 불이 들어왔다. 급하게 출발하느라 미처 확인하지 못한 것이다. 이미 고속도로에 들어온 터라 다음 주유소까지는 꼼짝없이 그대로 가야 한다. 남은 주행가능거리를 보니 기름이 간당간당하다. 차가 도중에 설 수도 있을 것 같다. 이때도 당신의 마음은 불안하다.

당신은 지금 퇴근길에 있다. 지하철역을 빠져나와 집으로 향하고 있다. 혼자 걸어가지만, 아까부터 계속 누군가 뒤에서 따라오는 느낌이 있다. '물론 별일은 없겠지'라고 생각해본다. 불안해지기 시작한다.

이처럼 우리는 일상에서 불안함을 느낀다. 불안해하지 않으며 살아가는 사람은 없다. 누군가 떠나갈지도 모른다는 불안감, 회사에서 낙오될지도 모른다는 불안감, 경쟁에서 뒤처질지도 모른다는 불안감, 지금보다 경제적 사정이 더 나빠질지도 모른다는 불안감, 지금 내 손에 든 것을 잃어버릴지도 모른다는 불안감은 언제 어디서든 나타날 수 있다.

이따금 잠이 오지 않는 밤이 있지 않은가? 그렇다면 우리가 느끼는 불안함에 대해 생각해볼 좋은 기회다. 오지 않는 잠을 청해봤자 잠만 더 달아날 테니까 말이다. 여기 당신에게 도움이 될 만한 좋은 소식 한 가지가 있다. 다행히도 심리학에서는 이런 불안에 대해 많은 관심을 보여왔다. 도움을 받을 희망이 있다.

심리학자 지그문트 프로이트로부터 시작된 불안에 대한 심리학적 관심은 최근 오픈 AI를 통한 불안치료 연구에 이르기까지 그 범위가 계속해서 넓어지고 있다. 물론 우리가 이 모든 심리학적 지식과 이론을 학습할 필요는 없다. 다만 우리의 불안을 달래는 데 도움이 될 만큼만 이해하고 활용하면 된다. 앞으로 이 책에서는 불안을 달래고 그것을 인생의 추진력으로 삼는 데 도움이 되는 다양한 심리이론을 소개할 것이다. 어떤 내용은 필요에 따라 자세히 다루고, 어떤 내용은 흐름을 위해 간단히 언급만 할 것이다.

우리가 살면서 불안을 느끼는 순간 중 하나는 표현하기 힘든 욕구가 생겼을 때다. 어린 시절, 엄마나 아빠를 이성적으로 사랑하는 느낌이 들었던 순간, 가까운 친척에게 성적 욕구를 느꼈던 순간, 몹시도 분노하여 누군가를 칼로 찔러 죽이는 상상을 했던 순간 등 현실에서 풀어낼 수 없는 욕구가 발생하면 우리는 큰 불안을 느낀다. 프로이트도 이렇게 사회적, 도덕적으로 받아들여지지 않는 무의식적 욕구가 불안감을 유발한다고 했다. 불안을 느끼는 또 다른 심리학적 상황은 우리의 생각과 행동이 자동으로 부정적 방향으로 나아갈 때이다.

어릴 적부터 발레리나를 꿈꿔왔던 20대 여성 A씨는 불의의 낙상 사고로 인해 꿈을 접어야 했다. '결국 발레리나가 되지 못했으니 나는 이제 아무 쓸모도 없는 사람이야. 이제 아무 의미도 없어'와 같은 부정적 생각이 그녀의 머릿속에 가득했다. 이러한 생각은 그녀의 부정적 행동을 낳았고 그녀는 불안감의 악순환에 빠졌다.

'인지행동치료 이론(CBT, Cognitive-Behavioral Therapy)'은 이처럼 부정적 생각과 행동이 불안감을 생성한다고 보고, 그러한 생각과 행동을 찾아내어 긍정적 신념과 행동으로 바꾸는 것을 목

표로 한다. 만일 여러분이 요즘 자꾸 부정적으로 생각하는 습관
이 생긴 것 같다면, 그 생각이 과연 합리적인지, 바꿀 필요는 없
는지 냉정히 들여다봐야 한다. 그렇게 함으로써 자신도 모르게
빠져 있는 불안의 굴레에서 벗어날 수 있다.

심리학의 마음챙김(Mindfullness)을 통해서도 불안감을 달래
기에 대한 도움을 받을 수 있다. 마음챙김은 우리가 현재에 집중
할 수 없기 때문에 불안을 느낀다고 말하며, 현재와 순간에 집중
하는 것을 강조하는 이론이다. 과거에 경험했던 진급 누락의 아
픔, 수천만 원의 투자 손실로 인한 경제적 상실감, 이별로 인한
고통에서 벗어날 것을 주문한다. 그런 경험에 집중하는 것은 과
거의 경험에 집중하는 것이기 때문이다.

과거의 경험은 말 그대로 과거의 경험이다. 바꿀 수 있는 것
이 아니다. 냉정히 생각해보자. 바꿀 수 있는 것은 현재밖에 없
다. 미래도 현재에 딸려 오는 것이다. 그러므로 현재 내가 느낄
수 있는 것에 집중해 만족감을 느껴야 한다. 진급에 실패했지만
다시 도약하기 위해 지금 내가 할 수 있는 것에 집중해보자. 투

자에서 손실은 봤지만 그래도 지금 보유하고 있는 종목들이 손해를 보고 있지 않은 현실에 집중해보자. 사랑하는 사람은 떠나갔지만 그로 인한 슬픔을 잘 극복할 수 있는 행동을 찾아보자.

"우리는 파도를 막을 수는 없지만
서핑하는 법을 배울 수 있다."

미국 정신건강 전문가 존 카밧진의 말이다. 그의 말처럼 우리가 파도처럼 밀려오는 불안감을 막을 수는 없지만 서핑하는 방법을 배우듯 심리학을 통해 불안을 다루는 방법을 배울 수 있다. 지금부터 우리가 느끼는 불안을 달래기 위한 최선의 방법들을 차근차근 알아가보자.

당신도
혹시 불안이 습관인가요?

습관적으로 불안해하는 사람이 있다. 여러분에게는 이런 모습이 없는가? 주위에 이런 사람은 없는가? 습관적으로 잘 불안해하는 사람의 특징을 살펴보자.

첫 번째, 어떤 일이나 상황을 두고 평소 긍정적 생각보다는 부정적 생각을 더 많이 한다. 이런 사람은 쉽게 불안을 느낄 수밖에 없다. '시험에서 떨어지면 어쩌지?', '면접에서 떨어지면 어쩌지?', '내 제안을 그가 무시하면 어쩌지?'와 같이 어떤 일을 앞두고 있을 때 부정적 결과에만 초점을 맞춘다. 물론 어떤 일을 앞두고 부정적인 결과가 두렵고 걱정될 수 있다. 하지만 '걱정'만 하는 것은 감정과 태도에 전혀 도움이 되지 않는다. 걱정되는 부분을 인지하면서 좋은 면, 긍정적인 결과도 생길 수 있다는 사실을 함께 인정해야 한다.

'시험을 봤는데 물론 시험에서 떨어질 수도 있다. 하지만 지금 그런 부정적 결과에 신경을 쓰는 것은 내게 도움되지 않는다. 좋은 결과가 나올 수 있다고도 생각하자. 상황을 너무 부정적으로만 보고 불안해하지 말자. 최대한 그에 맞추어 내가 할 수 있는 것을 하자.'

이런 생각이 자신의 올바른 감정과 태도 형성에 도움이 된다. 부정적인 면에만 초점을 맞추어 굳이 불안을 느끼는 습관이 있다면 긍정적인 면에서 초점을 맞춰보자. 그렇게 불안감을 줄여보자.

심리학자 알버트 반두라가 소개한 '자기 효능감(Self-Efficacy)'이라는 개념은 우리가 수행해야 할 일을 앞두고 잘 해낼 수 있을 거라고 생각하는 자신감의 정도를 말한다. 이 이론에 따르면 긍정적 사고는 어려운 상황에서도 긍정적 결과를 기대하게 만들어 끝까지 해낼 수 있다는 자신감을 높이고, 실제로도 성공 가능성을 높인다고 한다.[1] 이왕이면 좋은 쪽으로 생각을 하는 것이 자신에 대한 믿음, 즉 자신감을 높이고 그를 통해 실제로 더 좋은 결과를 낼 수 있다는 것이다. 그러므로 처음부터 부정적인 면에만 집중하는 것은 성공에 도움이 되지 않는다.

두 번째, 습관적으로 최악의 상황을 상상한다. 문제는 단순히 부정적 생각을 하는 것에 그치지 않고 최악의 상황으로까지 연결한다는 것이다. '어젯밤 남자친구와 싸웠는데, 이 일로 남자친구가 나와 헤어지자고 하면 어떡하지?', '오늘 아침 핸드폰을 보다가 옆 부서 김 대리님에게 제대로 인사를 못 했는데, 회사에 내가 예의 없는 사람이라고 소문이 나면 어떡하지?', '최근 가슴 쪽에 통증이 느껴지는데, 심장에 이상이 생긴 거면 어떡하지? 그래서 병원에 갔더니 당장 수술받으라고 하면 어떡하지? 수술이 잘 안돼서 죽으면 어떡하지?'처럼 부정적 생각의 결말이 순식간에 최악으로 치닫는 것이다.

이런 사람들은 사소한 일에도 예민하게 반응하는 경향이 있다. 이렇게 부정적 생각의 '급발진'이 습관적이라면 어떻게 하면 좋을까? 그 원인부터 근본적으로 제거해야 한다. 부정적 생각의 급발진은 부정적 생각의 작은 연결 고리에서 시작되기 때문이다. 썩은 사과가 있으면 어서 바구니에서 꺼내야 하듯 하나의 부정적 생각이 생겨났을 때 얼른 그 생각을 도려내야 한다. 두 번째 부정적 생각, 세 번째 부정적 생각으로 번지지 않도록 의식적 노력을 기울여야 한다. 예를 들면 이렇다.

'오늘 아침, 김 대리님과 제대로 인사를 나누지 못했네. 나에 대해서 안 좋게 생각하실까봐 불안하다.'

▶ '그것 하나 때문에 나를 이상하게 볼까? 그건 아닐 것이다.'
▶ '더 이상 안 좋은 생각은 그만하고 다음번에 제대로 인사하자. 그만 불안해하자.'

이처럼 처음의 부정적 생각이 그다음 부정적 생각으로 넘어가지 않도록 차단하는 의식적 노력이 중요하다. 사람의 뇌는 신기한 녀석이라서 우리가 의식적으로 생각하는 대로 뇌도 따라서 생각하는 경향이 있다. 심리학의 자기충족적 예언(Self-fulfilling Prophecy)에 따르면, 우리의 뇌는 우리가 의도적으로 믿고 생각하는 방향에 따라 같은 생각을 하고 그에 걸맞은 행동을 한다. 예를 들어, 아무리 미운 사람이라도 '괜찮은 사람이다'라고 반복적으로 자기 암시를 하면 실제로 좋은 모습이 보이는 것과 같다. 즉 어떤 일이 일어날 것이라고 믿으면 그 믿음에 따라 생각하고 행동하고 실제로 그 일이 나타나는 원리다.

누구나 처음의 단계에서는 부정적 생각이 들 수 있다. 그 부정적 생각이 두 번째 단계에는 긍정적 생각으로 옮겨갈 수만 있다면 우리는 그만큼 긍정적 행동과 긍정적 결과를 이루어낼 것이다. 불안도 습관이다. 쉽게 불안해하는 마음 패턴을 고치기 위해서는 초기의 부정적 생각을 잡아줘야 한다. 처음에는 어렵지만 한 번, 두 번 의식적 노력을 기울이다 보면 통제되는 부분이 분명히 생긴다. 불안은 얼마든지 통제 가능한 감정 습관이다.

나는 왜 '처음'에
설렘 대신 불안을 느낄까?

'처음'의 상황을 유난히 꺼리는 사람이 있다. 새 학기가 시작되어 새로운 친구들을 처음 만나는 날, 난생처음 입대를 앞둔 날, 인사 발령을 받고 처음 사무실에 들어서는 순간, 새로운 거래처 사람들과의 첫 미팅, 편의점 알바 첫 출근날, 평생 처음 하는 대장내시경 검사 등 이런 상황을 앞두면 당연히 불안하고 초조하다. 하지만 그런 불안감이 지나치면 새로운 시도나 도전 자체를 꺼릴 수 있다. 꺼리는 만큼 찾아온 기회를 놓쳐버릴 수도 있는 것이다.

누구나 이런 후회를 해본 적 있을 것이다. '그때 많이 불안해하긴 했지만 그래도 한번 해볼걸', '불안했지만 그래도 용기를 내서 시도라도 해볼걸' 하고 말이다. 첫 경험, 첫 시도, 첫 도전을 앞두고 누군가는 불안해하지만 누군가는 설렘을 느낀다. 이 차이는 어디서 오는 걸까? 처음의 상황에서 주로 불안을 느끼는 사람에게는 어떤 차이점이 있을까?

첫 번째, 성격에서 비롯된 차이일 수 있다.

새로 경험하는 것, 도전하는 것을 좋아하는 사람은 낯선 장소, 낯선 상황에서도 설렘을 느낀다. 반면, 새로운 경험을 좋아하지 않거나 꺼리는 사람은 불안을 느낀다. 성격학적 관점에서 새로운 경험과 도전을 좋아하는 사람은 그에 대한 호기심과 수용성, 즉 개방성(Openness to Experience)이 높다고 할 수 있다. 새로운 경험과 도전을 좋아하지 않고 두려워하는 사람은 그에 대한 거부감과 불안감, 즉 폐쇄성(Closedness to Experience)이 높다고 할 수 있다. 폐쇄성이 높은 사람은 새로움에 대해 설렘보다는 낯섦, 기대보다는 불안을 느낀다.

두 번째, 새로운 경험에 대한 정보와 지식의 차이에서 발생할 수 있다.

새롭게 시작해보려는 일에 대한 정보가 없을수록 불안감이 커진다. 예를 들어, 처음 일을 하러 가기 전 정보나 경험이 전혀 없는 사람은 다양한 생각을 하며 불안을 느낄 수 있다. '힘들다고 하던데 내가 그 일을 제대로 할 수 있을까?', '실수하면 어떡하지?', '혹시 기계를 다루게 되면 다치는 거 아닌가?', '사람들은 친절할까?'와 같은 막연한 불안감을 느낄 때는 그 경험에 대한 정보를 최대한 모으며 간접경험을 하는 것이 도움된다. 간접경험도 경험이기 때문이다.

모르는 만큼 불안을 느끼는 것이다. 그러므로 여러분이 어떤 새로운 도전을 앞두고 불안하다면 그건 해본 적이 없어서 모르고, 막막하기 때문일 가능성이 크다. 새로운 장소에서의 새로운 경험을 앞두고 불안하다면 인터넷 검색, 관련 유튜브 영상 시청, 온라인 커뮤니티 게시판 탐색, 관련자에게 문의하는 등의 노력을 통해 최대한 간접경험을 하자. 그런 간접경험이 새로운 경험

에 대한 불안감을 줄여준다. '미리 알아두니 할 만하겠다'는 생각
으로 마음의 준비를 할 수 있다.

세 번째, 타인의 평가에 특히 민감한 사람일 수 있다.

20대 후반 여성 S씨는 회사 첫 출근을 앞두고 유난히 불안해
했다. 처음 사무실에 들어갈 때 자신을 어떻게 소개해야 할지,
사람들과 대화는 어떻게 나누어야 할지, 사람들이 자신을 어떻
게 바라볼지, 자신을 좋아해줄지, 하나부터 열까지 신경이 쓰였
다. 그녀는 타인의 평가에 대해 특히 민감한 성향을 지니고 있
었다. 옷을 고를 때에도 사람들의 시선을 생각하고, 전공을 선택
할 때도 사람들의 반응을 먼저 생각했다. 남자친구를 사귈 때도
주위 사람들이 인정할 만한 사람인지 따져봤다. 그렇게 타인의
시선을 의식하며 살아왔다. 그녀처럼 일종의 사회적 승인(Social
Approval)을 중요시하는 사람은 새로운 시도를 앞두고 특히 불안
해할 수 있다.

미국 콜로라도대학교 심리학과 탐 피시니스키 교수의 연구

에 따르면 사회적 승인을 중요하게 생각하는 사람은 새로운 시도나 도전에서 실패할 경우, 다른 사람들로부터 평가와 인정을 잃게 되는 상황을 두려워하는 경향이 큰 것으로 나타났다.[2] 새로운 시도에서 타인의 기대에 부응하지 못할까봐 새로운 시도 자체를 꺼릴 수 있는 것이다.

그런데 말이다. 타인의 시선이 그렇게 중요한가? 새로운 도전을 할 때는 누구나 성공할 수도 실패할 수도 있는 것 아닌가? 결과에 만족할 수도 실망할 수도 있다. 해보기 전까지 그 결과는 모른다. 결과는 열려 있다. 그것은 타인도 마찬가지다. 타인이라고 해서 새로운 시도에 항상 성공하고 항상 만족하는 것은 아니다. 그러므로 타인의 시선을 그리 의식하지 않았으면 좋겠다. 그 누구도 당신의 새로운 시도와 결과에 대해 뭐라 할 권리는 없다. 당신이 시도했고, 어떤 결과가 나왔으면 그 자체로 의미가 있다. 너무 타인의 눈으로만 자신을 바라보지 말자.

타인의 시선은 하나의 의견일 뿐, 그 자체가 절대적 평가가 될 수 없다. 타인의 시선에서 벗어날수록 우리는 두려움 대신 설렘을 느낄 수 있다. 시도 자체에서 의미를 찾을수록 우린 불안감 대신 자신감을 가질 수 있다. 할까 말까 망설였던 일이 있다면 지금 바로 해볼 시간이다. 어차피 타인은 타인이다. 내 마음의 목소리에 귀를 기울여보자. 불안 따위는 잠시 접어두자.

나의 불안 수준을
체크하는 법

상담실을 찾아온 30대 여성 K씨는 요즘 주위 사람으로부터 이런 말을 자주 듣는다고 한다.

"왜 이렇게 불안해해?"

사실 K씨도 자신이 요즘 들어 부쩍 사소한 일에도 전전긍긍한다는 것을 알았다. 통화를 할 때 자신의 목소리가 상대에게 어떻게 들릴지 불안해했고, 약속이나 모임에서 대화를 나눌 때도 자신이 말실수를 하는 것은 아닌지, 상대방이 기분 나빠하는 것은 아닌지, 반응에 대해서 신경이 쓰였다. 심지어 카페에서 음료를 주문하는 동안에도 뒷사람을 너무 기다리게 하는 것은 아닌지, 자신이 이상하게 비치지는 않을지 생각하며 불안해했다. 그녀가 항상 그랬던 것은 아니다. 요즘 들어 그랬다.

이처럼 똑같은 사람이라도 시간이나 상황에 따라 불안을 더 많이 느낄 때가 있다. 나도 마찬가지다. '요즘 내가 자주 불안해하나?' 하는 생각이 들 때가 있다. 나는 평소에 불안을 잘 느끼지 않는 사람이라고 생각을 하다가도 나도 모르게 쉽게 불안해지는 때가 있다. 예를 들어 어딘가로 첫 출근을 하는 날 혹시라도 지각을 할까봐, 그래서 내 이미지에 타격을 입을까봐 출근 시간 한 시간 전에 도착한 적도 있다. 또는 아내가 누군가와 통화하는 모습이 너무 자주 보이거나 나에 대한 태도가 냉랭하게 느껴지는 날에는 '혹시 이 사람이 다른 사람을 만나고 있는 것은 아닐까?' 하는 불안감이 들기도 한다. 언젠가는 나 스스로 이런 증상이 너무 심하다고 느껴져서 내게 문제가 생긴 것은 아닌지 더욱 불안해진 경험이 있다.

또는 이런 사람도 봤다. 군에서 상담을 할 때 어떤 지휘관은 자신이 담당하는 병사에게 조금이라도 심리적 이상이 감지되면 바로 나에게 심리상담을 의뢰했다. 이런 모습들은 '불안 수준이 높은 상태에 있다'고 할 수 있다. 그렇다면 우리가 현재 느끼는 불안 수준은 높은 편일까? 낮은 편일까? 이를 알아볼 수 있는 간단한 방법 몇 가지를 소개한다.

첫 번째, 어떤 불안한 감정이나 생각이 들 때 이를 다이어리나 메모장에 적어보는 것이다. 나는 불안함을 느끼는 순간, 그 감정을 있는 그대로 메모하려고 한다.

'일하다 쉬는 시간에 테이블에 앉아 노트북으로 글을 쓰려고 하니 불안하다.'
'화장실에 간 사이에 버스가 올까봐 불안하다.'
'다음 달 카드값이랑 대출 이자를 내야 하는데 돈이 모자랄까봐 불안하다.'
'전화상담원이 내가 하는 말을 잘 이해해야 할 텐데 그러지 못할까봐 불안하다.'

이처럼 사소한 불안감이라도 그것이 느껴지는 순간 메모를 하는 것이다. 이왕이면 휴대폰에 메모하는 것을 추천한다. 그 순간 메모할 수 있는 가장 현실적인 방법이기 때문이다. 나의 경우는 카톡의 나와 대화하기, 네이버 메모장을 주로 이용한다. 손글씨 쓰는 것을 좋아하거나 시간 여유가 있는 사람이라면 다이어리나 수첩도 좋다. 이처럼 순간 느껴지는 불안과 감정을 있는 그대로 메모해보는 것은 자신이 주로 어떤 상황에서 불안을 느끼는지, 그 정도는 얼마나 큰지, 얼마나 지속하는지 파악하는 데 도움이 된다. 불안의 패턴을 파악하는 것이다. 이후 시간적 여유가 있을 때 그 불안감 메모를 보면 자신의 불안감이 진정되는 효과도 있다.

'아, 내가 이런 것 때문에 이런 상황에서 주로 불안을 느끼는 구나. 근데 지금 생각해보면 굳이 이렇게 불안해하지 않아도 될 것 같은데…'

이런 생각과 경험을 반복하면 불안감 대처에 대한 자신감이 생긴다. 아는 만큼 보이고, 보이는 만큼 자신감이 생기는 것이다. 다음번 비슷한 상황에서 불안감을 느낄 때 '내가 지금은 불안을 느끼지만 나중에 보면 별것 아닐 수 있다'는 생각이 강화되며 현재 느끼는 불안감을 더 쉽게 통제할 수 있다.

두 번째, 자신의 신체 반응에 관심을 기울여보는 것이다. 우리의 몸은 불안에 쉽게 반응하게 되어 있다. 우리는 불안을 느낄 때 호흡 불편, 가슴통증, 두통, 어지러움, 근육 긴장감, 속쓰림, 구토, 손발의 떨림, 식욕의 저하 또는 폭식, 수면의 어려움 등을 경험할 수 있다. 그러므로 여러분이 요즘 이런 증상들을 평소에 비해 자주 느끼는 것 같다면 불안감이 상승해 있는 것은 아닌지 생각해보자. 우리의 몸은 생각보다 정직하다. 눈에 보이지 않는 불안감을 눈으로 확인할 수 있는 센서와도 같다.

세 번째, 간단한 테스트를 해보는 것이다. 자신의 불안 지수를 간단히 알아볼 수 있는 테스트 하나를 소개한다. 정신과 의사 로버트 스피처가 개발한 'GAD-7(Generalized Anxiety Disorder-7)' 테스트는, 일반적인 불안 증상을 확인하는 데 사용된다. 물론 이 테스트만으로 치료가 필요한 수준의 불안감인지 단정 지을 수는 없다. 최근 2주 동안 내가 느끼는 불안의 수준이 어느 정도인지 객관적으로 확인하여 참고하는 정도로만 활용하자.

1. 지난 2주 동안 얼마나 자주 불안했는가?
2. 지난 2주 동안 긴장되거나 신경이 예민한 기분은 얼마나 있었는가?
3. 지난 2주 동안 걱정을 많이 했는가?
4. 지난 2주 동안 걱정하지 않아도 된다고 생각했지만 실제로 걱정이 되었던 적이 있었는가?
5. 지난 2주 동안 피하려 했던 상황이나 활동이 있었는가?
6. 지난 2주 동안 가만히 있기 힘들 정도로 몸이 떨리거나 긴장한 적이 있었는가?
7. 지난 2주 동안 무슨 일이든 집중하기 어려웠던 경험이 있었는가?

0 : 전혀 그렇지 않았다   1 : 조금 그랬다
2 : 꽤 그랬다   3 : 매우 그랬다

※ 각 답변의 점수를 합산하여 다음의 결과를 참고하세요.

0-4: 불안 증상 없음. 일상생활에서 불안을 거의 느끼지 않는 편에 속한다. 이와 같은 상태가 지속될 수 있도록 현재의 생각습관을 유지하자.

5-9: 경도의 불안 증상. 다소 불안감이 있는 상태이다. 최근에 불안감을 느낄 만한 특별한 일이나 일상의 변화가 있었는지, 아무 일 없었는데 자신의 생각하는 습관이 바뀐 것인지 천천히 살펴보자.

10-14: 중등도의 불안 증상. 불안감을 평소에 비해 꽤 많이 느끼고 있는 상태이다. 그럴 만한 일이 발생했을 가능성이 꽤 큰 상태이므로 그 일이 무엇인지를 알아내고 그 일을 해결하기 위한 방법, 그 일을 대하는 마음의 자세를 적극적으로 개발해야 한다.

15-21: 심각한 불안 증상. 매우 높은 수준의 불안을 느끼고 있는 상황이므로 심리적 안정감을 우선적으로 확보하는 것이 중요하다. 혼자서만 해결하려고 해서는 안 된다. 지금 당장 자신에게 있는 불안감을 가족, 친구

등에게 털어놓자. 또는 전문가와의 상담을 통해 도움을 받자. 그대로 지나치기에는 분명 위험한 불안의 수준이다.

이렇게 요즘 나의 불안 수준을 체크해보면서 불안이 더 커지지 않도록 조절하는 것이 중요하다. 내가 어떤 상황에서 불안을 느끼는지 이해하고, 어떤 생각과 마음 자세로 대처해야 하는지 알아가는 것이다. 이 과정을 자꾸만 연습하다 보면 의연하게 흘려보내는 순간이 반드시 올 것이다.

무의식 속에
불안이 숨어 있다

가끔 뉴스에서 사고로 인해 안타깝게 생을 마감한 분들을 본다. 얼마 전에는 아버지가 아침에 차로 아들을 학교에 데려다주던 중 빗길 교통사고로 두 분 모두 세상을 떠나셨다는 소식을 듣고 가슴이 먹먹해졌다. 그 어느 때보다 행복했어야 할 아버지와 아들의 즐거운 등굣길이 마지막으로 함께 하는 순간이 되었으니 말이다. 나 역시 한 아들의 아버지로서 가슴이 미어지는 느낌이었다.

그런데 한편으로는 이런 생각이 들기도 했다. '근데 왜 사고를 당하신 거지? 그래도 뭔가 안전운전에 소홀하셨던 행동이 있었기 때문에 그런 사고를 당하신 건 아닐까? 빗길에 속력을 줄이지 않았다던지, 운전 중에 잠시 다른 곳에 시선을 뺏기셨다던지, 졸음운전을 하셨다던지' 하는 것들이었다. 어느새 나도 모르게 그 사고의 원인을 찾고 있었다. 그분들이 사고를 '당한' 사실보다 사고를 '낸' 원인에 더 집중하고 있었다.

왜 그랬을까? 불안해서였다. 나도 언제 어디서든 그런 사고를 당할 수 있다는 불안감이 작용했기 때문이다. 그러한 불안감을 없애기 위해 나도 모르게 사고의 원인을 그분들에게서 찾기 시작했다. 그럼 '나는 조심하면 그런 사고를 피할 수 있다'는 위안을 얻을 수 있기 때문이다. 그렇게 하면 나의 불안감을 떨어뜨릴 수 있기 때문이다.

심리학에서는 이를 '피해자 비난(Blaming the Victim)' 현상으로 설명한다. 피해자 비난 현상은 특정 상황에서 피해를 입은 사람을 비난하거나 그 사람에게 책임을 물으려는 심리적 경향을 의미한다. 쉽게 말해 어떤 사건, 사고로 인해 피해를 겪은 피해자에게도 '당한 잘못'이 있다고 생각하는 경향을 말한다. 일종의 인지적 편향(Cognitive Bias)으로, 불안이나 무기력, 혼란스러움 등의 불쾌한 감정을 낮추려는 우리 뇌의 무의식적 활동이다. 자신의 안전이 위협받을 때 다른 사람의 행동이나 선택을 비난함으로써 자신의 안전 불안감을 해소하려는 의도인 것이다.

이처럼 우리는 자신도 모르게 누군가의 고통을 바라보며 '그 사람에게 잘못이 있겠지'라는 생각을 하게 될 때가 있다. 물론 이렇게 함으로써 불안감을 낮출 수는 있다. 하지만 그러한 생각에는 주의를 기울일 필요가 있다. 좋지 않은 일을 당한 타인을 그런 식으로 바라보면, 일시적으로 불안감은 낮출 수 있지만 이후 불안감이 오히려 더 커질 수 있다. 이유는 다음과 같다.

첫 번째, 내면적 갈등이 발생할 수 있기 때문이다. 타인의 불행한 일을 바라보면서 '그 사람에게도 잘못이 있을 것이다'라고 생각하지만 실제로 그에게 그만큼 잘못이 있지 않다는 것은 나 자신도 잘 알고 있다. 어찌 보면 자신을 스스로 속이는 행위이다. 그런 행동을 지속하면 당연히 마음은 불편해질 수밖에 없다. 내적 갈등이 일어나기 때문이다. 이런 면에서의 내적 갈등은 마음에 찾아온 폭풍우와 같다. 그것을 해결하지 않으면 불안의 소용돌이로 남아 나중에 더 큰 피해를 일으킬 수도 있다. 당장의 불안을 피하기 위해 더 큰 불안을 불러오는 행동은 하지 말자.

두 번째, 사회적 관계를 악화시킬 수 있기 때문이다. 타인을 비난하는 행동은 주변 사람들과의 사회적 관계를 망친다. 예를 들어, '그러니까 빗길에서는 좀 더 속력을 줄였어야지', '그렇게 왜 그 시기에 튀르키예에 가서 천재지변을 당해', '그렇게 왜 여자 혼자서 밤 늦게 쏘다녀서 그런 봉변을 당해', '그렇게 왜 그렇게 사람들이 많은 곳에 가서 사고를 당해'와 같은 생각이나 표현을 달가워 할 사람은 없다. 피해자를 비난하고 있기 때문이다.

누구의 잘잘못을 떠나 불의의 사고나 불운한 일을 겪은 사람에 대해서는 안타까운 마음을 표하는 것만으로 충분하다. 그들은 위로와 애도의 대상이지 잘잘못을 따져야 할 대상이 아니다. '그렇게 왜 그런 사고를 당했어?'와 같은 생각은 주변의 반감만 산다. 그런 생각이 들면 주위 사람에게 표현하지 말자.

세 번째, 공감 능력이 떨어질 수 있기 때문이다. 타인이 겪은 불운한 일에 대해 그 사람의 탓으로만 돌린다면 타인의 고통에 대한 공감 능력이 떨어질 수밖에 없다. 이러한 감정적 억제는 오히려 자신의 정서적 건강에도 피해를 준다.

신경과학자 라사나 해리스 박사는 연구실험의 일환으로 사람들을 두 그룹으로 나누어, 한 그룹에게 다른 그룹을 비난하도록 주문하고 그 양상을 관찰했다. 그러자 비난하는 역할을 맡은 그룹 사람들의 뇌에서 복내측전전두엽피질(Ventromedial Prefrontal Cortex)의 기능이 감소하는 현상이 나타났다. 복내측전전두엽피질은 타인의 감정, 의도를 이해하는 기능을 담당하는 뇌의 영역이다. 타인을 비난하면 할수록 타인에 대한 이해와 공감 능력이 떨어지게 된다는 것이다.[3]

공감은 타인과 자신을 이어주는 소중한 끈이다. 이러한 끈이 끊기면 타인과 함께 살아가기 힘들다. 사람은 누구나 사람을 필요로 하며 공감이 중요한 역할을 한다. 불운한 상황에 처한 이들의 마음을 헤아리고 공감하지는 못할망정 비난하는 사람은 타인을 이해할 수 있는 기회를 스스로 포기하는 것이다. 타인과의 적절한 대인관계 유지를 위해서라도 자기도 모르게 타인을 비난하는 현상에 빠지지 않도록 주의하자.

불안의 시대를
살아가는 마음가짐

우리가 불안감을 느끼는 데에는 기질, 성격과 같은 개인적 특성의 영향도 있겠지만 다른 이유도 있다. 우리가 살아가고 있는 최근의 상황, 사회적 분위기도 큰 비중을 차지한다. 바야흐로 우리는 불안의 시대에 살고 있다. 그러니 불안의 이유가 꼭 자신에게만 있다고 생각할 필요는 없겠다. 지금을 살아가고 있는 우리가 더 불안할 수밖에 없는 이유 두 가지를 알아보자.

첫 번째, 불확실한 사건·사고의 증가다. 최근 길거리에서 일면식도 없는 사람에게 흉기를 휘두르거나 폭력을 사용하여 사망이나 부상에 이르게 하는 사건이 자주 발생하고 있다. 집중호우로 인해 물이 지하차도에 넘쳐흐르며 그곳을 지나던 시민분들이 생을 마감하시는 안타까운 사고가 발생하기도 했다. 앞에서도 언급했듯 이런 사건·사고를 접하는 우리의 마음은 당연히 불안할 수밖에 없다.

기후 변화로 인한 자연재해도 증가하고 있는 상황이다. 전 세계적으로 폭염, 폭우, 홍수, 산사태로 인해 수많은 사상자와 이재민들이 발생하고 있다. 전문가들의 견해에 따르면 수퍼 엘니뇨(Super El Niño) 현상으로 태평양 해수면 온도가 점점 더 높아져 더 많은 피해를 입을 수 있다고 설명한다.[4] 남극의 해빙도 전보다 더 빠르게 녹고 있으며 지구 해수면 높이 상승이 가속화되고 있다.[5]

사회에서 발생하는 돌발변수로 인한 불안도 마찬가지다. 내일 아침 출근을 해야 하는데 버스 회사의 파업으로 운행여부가 미지수라면 어떨까? 언제든 나도 사건, 사고, 자연재해를 당할 수 있다는 불안감, 예측하지 못한 돌발변수로 인한 불안감이 들 때는 어떻게 하면 좋을까? 그냥 속절없이 불안에 시달려야 할까? 아니다. 방법이 있다. 일단은 불확실함, 그 자체를 받아들이는 것이 그나마 불안감을 줄이는 데 도움이 된다.

캐나다 라발대학교 심리학과 마이클 두가스 교수가 발표한 연구결과에 따르면, 불확실한 상황을 부정하고 피하는 것보다 이를 허용하고 받아들일 때 불안감이 줄어드는 것으로 나타났다.[6] '나는 이런 불의의 사고를 당하지 않을 거야'라고 생각하는 것보다 '나도 언제든 예기치 않은 사건·사고를 당할 수 있다'고 생각하는 것이 불안감을 줄이는 데 도움이 된다.

나도 의도적으로 이런 생각을 할 때가 있다. 한때는 내가 불의의 사고로 죽을 수도 있다는 생각 자체를 회피했다. 죽음 자체가 너무 두려웠기 때문이다. 그렇게 해도 죽음에 대한 불안감은 사라지지 않았다. 그냥 의식 밑으로 밀어 넣은 것뿐이었다. 그러다 어느 순간부터는 죽음에 대한 생각을 직면하게 되었다. '나도 언젠가는 불의의 사고로 세상을 떠날 수도 있다'고 생각하니 마음이 차라리 편해졌다. 죽음에 대한 불안감은 줄어들고, 현재의 삶에 최선을 다하며, 미래의 삶을 성실히 준비하게 됐다. 예측할 수 없는 세상에서 불안감을 달래며 살아갈 수 있는 최선의 마음가짐이다. 불확실성은 삶의 일부이며 완전한 통제가 불가능함을 인정하자. 삶에 최선을 다하되 이를 받아들이면 덜 불안하다.

두 번째, 타인의 일상과 나의 일상을 비교하고 평가하는 분위기의 확산이다. 우리는 더 이상 나만의 삶만을 바라보며 살아가지 않는다. 나의 삶 속에는 타인이 사는 삶과의 비교가 녹아들어 있다. 휴대폰 안의 작은 세상에서 언제든 쉽게 타인의 삶을 들여다볼 수 있다.

고급 호텔 루프트탑에서 야경을 바라보며 여유 있게 마가리타를 즐기는 누군가의 사진, 외국 해변가의 비치 베드에 누워 에메랄드빛 바다를 배경으로 찍은 누군가의 발가락, 요즘 핫한 이탈리안 레스토랑에서 즐기는 채끝 스테이크와 와인 사진을 보고 있으면 그들이 부러워진다. 그렇게 만나는 타인의 삶은 화려하고 고급스러워 보일 수밖에 없다. 자신도 모르게 그러한 삶의 비교 경쟁에 합류하게 된다. 타인의 삶을 들여다볼수록 '나만 뒤처지고 있는 것은 아닌가? 내 삶만 뭔가 불행한 것은 아닌가?' 하는 불안감이 생길 수밖에 없다.

이처럼 비교와 불안감은 떼려야 뗄 수 없는 관계다. 타인과의 비교를 시작하는 나이대가 점점 빨리 찾아오고 있는 것도 걱정이다. 올해 초등학교 2학년인 딸 세령이가 어느 날 갑자기 이런 말을 했다.

"아빠, 우리도 괌에 가면 안 돼?"
"응?"

아홉 살 딸이 괌을 어떻게 알까 싶었다. 알고 보니 같은 학원의 친구가 여름방학 때 괌으로 가족여행을 다녀온 모양이었다. 딸은 그곳이 어디인지도 모른 채 단지 친구가 다녀온 곳이라는 이유만으로 부러워하고 있었다. 그리고보면 타인과의 비교는 나이에 상관없이 작동하는 인간의 본능인지도 모르겠다. 어쨌든 씁쓸했다. '우리 세령이도 점점 비교하는 사회의 구성원이 되어가고 있구나' 하는 생각과 '지금은 괌으로 여행을 가기에는 현실적·경제적 문제로 인해 어렵다'는 사실 때문이었다. 세령이가 곰에 가지 못해서 불안감을 느끼지 않았으면 좋겠다는 생각도 했다.

비교하는 행동은 자기도 모르게 불안감을 키우는 습관이다. 세상에는 자기보다 잘나 보이고 행복해 보이는 사람은 얼마든지 있다. 끝이 없는 바다와 같다. 그런 사람을 보며 굳이 불안감을 키울 필요가 있을까? 자기도 모르게 타인의 삶을 들여다보며 스스로 불안감을 키우고 있는 것은 아닌지 생각해보자. 자신의 삶에 만족할 수 있고 불안감을 느끼지 않을 범위에서만 타인의 삶을 '참고'하면 좋겠다. 그는 그의 삶을 살고, 여러분은 여러분의 삶을 살아가면 된다. 타인과 자신을 비교하여 쓸데없이 불안을 느끼는 행동을 멈추자.

10년 뒤의 날씨를
맞출 수 있는 사람은 없다

불안감을 덜 느끼기 위해서는 불확실한 미래에 집착하지 말아야

한다. 우리는 불확실한 것, 결정되지 않은 것에 불안함을 느끼기

때문이다. 5년 뒤 회사에서의 내 위치, 10년 뒤 내 주변에 남아

있는 사람들, 20년 뒤 나의 경제적 상황을 알 수 없듯이 미래의

자신은 어떤 상태로 있을지 모른다. 우리는 이러한 불확실함에

대해 불안을 느낄 수밖에 없다. 보다 나은 미래를 위해 최선은

다하되 너무 미래, 그 자체에 집착하지 말아야 하는 이유다. '5년

뒤에는 회사에서 꼭 팀장이 되어 있어야지, 10년 뒤에는 정말 깊

은 관계의 사람만을 내 주위에 두어야지, 20년 뒤에는 총자산 30

억 원은 만들어둬야지' 하는 다짐을 하고 이를 이루기 위해 노력하는 것은 좋다. 하지만 너무 여기에만 매달리다 보면 불확실함으로 가득 차 있는 미래만을 바라보는 것이기 때문에 쉽게 불안해질 수밖에 없다.

앞으로 다가올 미래에만 집착하다 보면 '혹시 내가 꿈꾸는 미래가 오지 않으면 어떡하지?', '내가 목표로 하는 일을 이루지 못하면 어떡할까?' 하는 스트레스와 불안감은 저절로 상승한다.

캐나다 요크대학교 심리학과 C. 스트러서스 교수는 대학생들을 대상으로 미래 목표에 집중하는 것과 불안감의 연관성에 대해서 연구했는데, 그 결과에 따르면 미래 목표에 집중하는 학생들은 그만큼 높은 스트레스와 압박감을 느꼈으며 이는 불안감 상승으로 이어지는 결과를 보였다.[7]

저마다 미래에 꿈꾸는 삶이 있다. 그것을 이루기 위해서는 현재를 어떻게 사느냐가 중요하다. 현재가 아니라 미래에만 집중하다 보면 '그 미래가 오지 않으면 어쩌지, 내가 꿈을 이루지 못하면 어쩌지' 하며 불안해질 수 있다. 그러므로 꿈꾸는 미래를 준비는 하되 '내가 꿈꾸는 미래가 꼭 오지 않더라도 나는 괜찮다' 라고 생각하는 태도가 중요하다. 그래야 미래로부터 오는 불안감을 덜 느낄 수 있다.

'나는 지금도 괜찮은 삶을 살고 있다. 물론 미래에는 내가 원하는 또 다른 삶이 있지만 내가 원하는 그 삶이 꼭 오지 않더라도 괜찮다. 내가 원하는 미래의 삶을 살게 되지 못할까봐 굳이 불안해하지 말자.'

시선을 조금만 현재로 돌려보자. 내가 지금 다니는 회사, 지금 내가 누리는 환경, 지금 내 주변에 함께 하는 좋은 사람들, 지금 내가 원하는 것을 하고, 얻고 싶은 것을 얻을 수 있는 자유 등 지금의 것들에도 관심을 가져보자. 불확실한 미래에 대한 두려움으로 현재를 즐기지 못하는 사람이 되지 말자.

나 역시 이러한 태도를 가지려 노력하고 있다. 30대 초반 때만 하더라도 나는 내 미래에 대한 꿈이 원대(?)했었다. 모두가 부러워할 만한 성공한 직업인, 힘없고 약한 사람을 도울 수 있을 정도의 막강한 부를 형성한 경제인, 원할 때 언제 어디든 갈 수 있는 자유를 가진 여행자가 되는 것이 꿈이었다. 그 꿈을 이루기 위해 열심히 노력했다. 물론 지금도 노력 중이다.

예전과 달라진 것이 있다면 내가 원하는 목표를 달성하지 못하는 상황에 대한 마음가짐이다. 그전에는 '내가 꿈꾸는 미래를 얻지 못하면 어쩌지? 그때 나는 어떻게 해야 하지?' 하는 불안과 스트레스가 공존했다. 너무 미래에만 몰두하다 보니 현재를 놓쳤던 것이다. 지금은 다르다. '열심히 노력은 하겠지만 안 되더라도 할 수 없다. 나는 지금도 만족하고 행복하다'라고 생각하려 한다. 이렇게 생각을 하면 먼 미래를 바라보며 느꼈던 불안감이 많이 사라진다.

40대 중반의 지금 나는 만족스럽다. 모두가 부러워할 만한 사회적 위치에 있거나 막강한 경제력을 가지지 못했어도 나는 살 만하다. 언제 어디든 떠날 수 있는 시간과 경제력을 가지진 못했어도 나는 내가 원할 때 집 앞 산책을 할 수 있으며 내가 원하는 장소에 갈 수 있다. 지금에 집중하니 미래에 대한 불안감은 거의 느끼지 않는다. 불확실한 미래에 집중하지 않으니 당연한 결과다.

이처럼 우리는 불확실한 미래보다 확실한 현재에 집중함으로써 불안감을 낮출 수 있다. 너무 미래에만 집중하는 것은 10년 뒤 오늘의 날씨를 정확히 맞추려고 하는 것과 같다. 아무리 뛰어난 기상학자라고 한들 10년 뒤의 날씨를 어떻게 맞출 수 있겠는가? '10년 뒤 어떤 날씨가 되든 나는 그날의 날씨에 만족하며 하루를 살겠다'고 마음먹는 것이 중요하다. 그렇게 미래로부터의 불확실함에서 자유로워질 수 있다. 그렇게 불안감에서 해방될 수 있다.

"오늘은 선물(Present)이다.
그래서 이를 '현재(Present)'라고 부른다."

미국의 만화가 빌 킨이 한 말이다. 여러분은 미래에 자신이 원하는 미래에만 치중한 나머지 현재 자신에게 주어진 선물을

보지 못하고 있는 것은 아닌가? 그렇게 불안을 느끼고 있는 것은

아닌가? 오늘에 집중하는 삶을 살았으면 좋겠다. 충실하게 보낸

오늘 하루가 쌓여서 미래가 된다는 것을 기억하자.

불안의
뿌리가 되는 습관

사서 고생을 한다는 말이 있다. 굳이 그럴 필요 없는데 고생을 하게 되는 행동을 꼬집는 말이다. 나는 이 말을 '사서 불안을 느낀다'는 말로 바꿔보고 싶다. 굳이 불안을 느낄 필요가 없는데 습관적으로 불안을 느끼는 행동을 꼬집고 싶다. 불안의 뿌리가 되는 사소한 습관에는 무엇이 있을까?

첫 번째, 모든 것을 완벽히 끝내려는 성향이다. 사람을 만날 때, 식사를 할 때, 집 안을 청소할 때, 사업장 인테리어를 할 때, 여행을 떠날 때도 자신의 기준에 맞추어 모든 것이 완벽하게 이루어져야만 하는 사람이다. 물론 완벽함을 추구하는 것은 좋은 일이다. 하지만 자신의 기준에 따라서만 모든 것을 판단하다 보면 그 과정에서 불필요한 불안감을 느낄 수 있다.

'내가 원하는 수준까지 안 나오면 어쩌지', '내가 원하는 수준으로 숙소가 깨끗하지 않으면 어쩌지', '내가 원하는 수준으로 현지 가이드가 친절하지 않으면 어쩌지' 하는 불안감을 느낄 수 있다. 그러므로 어떤 일에 대한 기대 수준을 낮추는 것은 불안을 낮추는 데 도움이 된다. '최선을 다해서 보고서를 쓸 테지만 그래도 내가 원하는 수준에 도달하지 못할 수도 있지, 뭐', '내가 원하는 수준으로 숙소가 깨끗하면 좋겠지만 안 그럴 수도 있지, 뭐', '내가 원하는 수준으로 현지 가이드가 친절하고 빠릿빠릿하면 좋겠지만 안 그래도 너무 실망하지 말자'는 생각을 한다면 불안을 덜 느낄 수 있다.

호주 커틴대학교 심리학과 연구원 사라 이건 박사는 완벽주의가 여러 가지 정신건강 문제와 어떻게 연관되어 있는지를 알아보기 위한 연구를 수행했다. 연구결과에 따르면, 완벽주의는 불안장애, 우울증, 섭식 장애, 대인기피증, 강박장애와 깊은 관련이 있는 것으로 나타났다. 완벽주의자들은 자기 효능감이 낮고 자신을 지속적으로 비난하는 경향이 있어 불안에 노출될 가능성이 높아지기 때문이다.[8] 이처럼 모든 것이 완벽해야 한다고 생각하는 습관은 불안감을 달래는 데 도움이 되지 않는다. 완벽하지 않아도 된다. 완벽하지 않아도 당신은 여전히 그 자체로 빛이 나는 존재다. 완벽하면 좋은 것이지 반드시 완벽해야 할 필요는 없다. 항상, 모든 것이 완벽해야 한다는 고정관념이 불안감을 키운다.

두 번째, 관련된 정보를 과하게 찾아보는 행동이다. 인터넷이나 소셜 미디어 등을 통해 정보를 얻는 것까지는 좋지만 그것이 과도할 경우에는 불안의 원인이 된다. 확실하지도 않은 부정적인 정보가 압도적으로 많기 때문이다. 군복무 중이었던 한 남성은 신체 사유로 인한 조기 전역 심의를 앞두고 불안해했다. 자신이 조기 전역을 할 수 있을지 없을지 불안한 마음에 틈이 나는 대로 인터넷에서 관련 정보를 뒤져보았다. 자신과 비슷한 증상으로 조기 전역을 한 사례가 있는지, 어떻게 하면 통과 가능성을 높일 수 있는지, 조기 전역을 하지 못하면 다음번에 다시 기회가 있는지 등을 계속 찾아봤다. 물론 그 마음은 이해가 간다. 아무것도 하지 않고 가만히 있는 것이 더 힘들었을 것이다. 불안한 마음에 그렇게라도 해야 했을 것이다.

하지만 그렇게 관련 정보에 끊임없이 집착하는 행동은, 당장은 뭔가를 한다는 생각에 불안이 감소하는 것처럼 느껴질 수 있지만 그로 인해 더 많은 생각과 고민을 하게 되어 불안감이 더 커지는 결과를 낳는다.

타인의 일상에 과도하게 관심을 가지는 행동도 마찬가지다. 30대 직장인 K씨는 틈만 나면 자신의 휴대폰으로 타인의 일상을 들여다봤다. '얘가 남친이랑 강원도 양양에 놀러갔다 왔구나', '이분은 추석 연휴 때 일본으로 가족여행을 다녀오셨나보네' 등 그녀는 지인의 일상을 습관적으로 확인하고, 자신이 모르는 일상이 보이면 불안해했다. 자신도 모르게 타인의 일상에 집착하게 된 것이다.

타인에 대한 과한 관심은 과한 불안감으로 연결될 수 있다. 지인은 지인일 뿐 당신이 지인의 모든 일상을 파악하고 있어야 하는 것은 아니다. 그는 그이고 당신은 당신이다. 자신도 모르게 누군가의 일상을 확인하는 습관이 있는지 생각해보자. 당신의 불안감을 높이는 이로울 것이 없는 습관이다.

세 번째, 불규칙하게 수면하는 것이다. 시간생물학을 연구하는 이반 투이투 박사가 어린이와 청소년을 대상으로 진행한 연구에 따르면, 불규칙한 수면 패턴은 신체의 자연스러운 생활 리듬을 깨뜨리고 수면의 질과 양을 감소시키는 것으로 나타났다. 이는 결과적으로 불안을 증가시킨다.[9]

오늘 밤 하는 게임을 쉽게 멈출 수 없다고, 지금 시청하고 있는 넷플릭스 드라마 다음 에피소드가 궁금하다고, 내일이 휴일이라는 이유로 함부로 수면 패턴을 망가뜨리면 안 된다. 수면 패턴 이상의 문제로 이어진다는 점을 생각해야 한다. 여러분이 최근 불안감을 느낀다면 수면 패턴이 무너진 것은 아닌지 체크해볼 필요가 있다. 특별한 이유가 없다면 정해진 시간에 자고, 정해진 시간에 일어나자. 수면 시간을 최대한 일정하게 가져가자. '잠은 졸릴 때 자면 되고 깰 때 깨면 된다'는 생각은 자신을 신체적으로나 정신적으로나 더 불안하게 만든다는 것을 기억하자.

2장

의외의 감정과
연결된 불안

나쁜 생각이란
마치 머리 위를 스치는 새와 같아서 막아낼 도리가 없다.
그러나 나쁜 생각들이 머리 한가운데 자리를 틀고 앉지 못하게
막을 힘은 누구에게나 있다.

- 마틴 루터 킹

나는 왜 다른 사람과 있을 때도
불안을 느낄까?

올해 초등학교 2학년인 딸 세령이가 친구를 찾으러 아파트 놀이
터로 갔다. 나는 그사이에 주차를 하고 세령이가 잘 있는지 살펴
봤는데, 세령이와 친구 옆에 둘보다 나이가 많아 보이는 친구 한
명이 더 있었다. 그런데 뭔가 분위기가 이상한 것 같아서 가까이
가보니 세령이가 오기 전부터 친구와 그 언니가 놀고 있는 중이
었고, 세령이가 와서 같이 놀자고 하니까 껴주지 않는 모양이었
다. 세령이 친구가 이러지도 저러지도 못하는 와중에 언니가 말
했다.

"너 오늘 나랑 놀기로 약속했잖아. 나 이번 연휴 끝나면 학원에 가야 해서 이제 놀지도 못 한단 말이야."

이 말을 하는 동안 언니는 세령이 친구의 손을 꼭 붙잡고 있었다. 마치 절대로 놓치지 않겠다는 다짐처럼 느껴졌다. 뭔가 불안하고 초조해 보였다. 내가 의아했던 건 그 언니가 중학교 1학년이라는 것이었다. 중학생 언니가 뭐가 아쉬워서 초등학교 2학년짜리와 노는 것에 이리도 집착한단 말인가? 셋이 사이좋게 같이 놀면 좋을 텐데 친구를 독점하고 싶어 하는 것 같았다. 아마도 그 아이는 또래들과의 대인관계에서 어려움을 겪고 있는 듯했다. 또래에서 충족시키지 못한 대인관계 욕구를 어린 동생을 통해 충족하려는 것 같았다. 이처럼 대인관계에 대한 욕구는 아동·청소년에게도 분명 존재한다.

타인과의 관계에 있어 특히 불안감을 느끼는 사람이 있다. '얘가 지금은 나와 함께 있지만 언젠가 나를 떠나가면 어떡하지?', '지금은 곁에 있지만 언젠가는 내 곁을 떠나갈 것이다'라는 불안을 가지고 있는 것이다. 나 역시 그럴 때가 있었다. 나에게는 대학교 1학년 때 처음 만난 25년 지기 친구가 있다. 처음 고백하지만 난 지금도 '이 친구가 언제든 내 곁을 떠나갈지도 모른다'는 막연한 불안감이 있다. 12-13년 전쯤에 이 친구가 나에게 절교를 선언한 적이 있기 때문이다. 당시 내가 말할 때 자기를 툭툭 친다는 이유였다. 나는 그 일이 지금도 생생하다. 세상에서 가장 친한 친구라고 생각했던 사람으로부터 절교 선언을 들었던 그 순간이 잊히지 않는다.

나는 누군가가 나를 떠나갈 수도 있다는 사실을 당시에는 잘 받아들일 수 없었다. 한번 맺은 관계를 나의 의지가 아닌 상대의 의지로 인해 끝난다는 사실이 낯설었다. 그만큼 누군가가 나를 떠나간다는 사실이 비참하고 쓸쓸하게 느껴졌던 것 같다. 당시 그 친구에게 사과도 하고 매달리며 관계를 이어가기 위한 노력을 했다. 어쨌든 그 우정이 25년이 지난 지금까지 이어지고 있다니 다행이라는 생각이 든다. 하지만 지금도 관계의 불안감은 남아 있다. 언제든 그 친구가 또 예전처럼 떠나갈 수도 있다는 생각이 든다.

그래서일까? 그 친구에게만큼은 말도 행동도 조심한다. '내가 이 말을 하면 이 친구가 기분 나빠하지 않을까? 내가 이걸 하자고 하면 이 친구는 어떻게 받아들일까?' 하는 점을 항상 염두에 둔다. 물론 겉으로는 웃으면서 아무렇지 않게 표현하지만. 그러면서 마음 한구석은 늘 불편하다. '이 친구가 그때처럼 다시 떠나간다고 하지 말아야 할 텐데' 하는 불안감이 늘 있다.

심리학자 바울비의 '애착 이론(Attachment Theory)'에 따르면 어린 시절 부모님이나 주양육자와 안정적인 애착관계를 형성하지 못한 사람은 성인이 되어서도 불안정한 애착을 가질 가능성이 높다고 설명한다. 즉 어린 시절 누군가와의 안정적 애착관계를 형성하지 못한 사람은 성인이 되어서도 타인과의 관계에서 쉽게 불안을 느끼고 사람을 쉽게 믿지 못할 가능성이 크다. 언젠가 상대방이 자신을 버릴 것이라고 믿고, 상대방이 떠나가는 것을 막기 위해 과도한 의존이나 집착을 보이며 불안을 느낄 수 있다.

나도 그런 경험이 있다. 나는 자라오면서 감사하게도 부모님으로부터 큰 사랑을 받았다. 하지만 친밀감에 있어서는 또 다른 문제다. 내가 어린 시절부터 어머니는 일을 하느라 바쁘셨고, 아버지가 나와 남동생을 주로 돌봐주셨다. 밥도 차려주시고, 청소도 하시고, 씻겨주기도 하셨다. 아버지는 무뚝뚝하신 편이라 함께 장난을 친다거나 속 깊은 얘기를 나눌 기회는 별로 없었다. 그만큼 친근함을 느끼긴 힘들었다. 내가 아버지에게 느꼈던 애착의 정도는 보통에서 보통 이하 정도 되지 않았을까 싶다.

그런 것이 이유가 되었을까? 나는 학창 시절에 친구가 많은 편은 아니었다. 누군가 나와 친구가 되어도 그리 오래가지 못할 것이라는 생각이 있었다. 친구는 원래 떠나가는 존재라고 자연스레 생각하게 되었다. 지금도 그런 불안감은 남아 있는 것 같다. 어차피 이 사람과 알고 지내도 언젠가는 모르고 지내게 될 사이라는 것을 감각적으로 알고 있다. 나는 성인이 된 지금도 누군가와의 관계를 필요 이상으로 만들려 하지 않는다. 어느 일정한 수준에 다다르면 나의 인간관계 경계선 센서가 작동한다.

'됐어. 이 정도까지만이야. 더 이상 가깝게 지내면 안 돼. 그

사람은 어차피 떠나갈 사람이야.'

이런 경고 메시지가 마음속에서 울린다. 그럼 난 그 메시지를 확인하고 더 이상의 친교 행동은 삼간다. 혹시 여러분도 '누군가가 나를 떠나갈까' 불안해하는 마음을 항시 갖고 있는 것 같다면 자신의 어린 시절을 한번 되돌아봤으면 좋겠다. 부모님이나 주양육자와의 관계는 어땠는지, 그 관계에서 충분한 정도의 애착을 느꼈는지 말이다.

만약 충분한 애착을 느끼지 못했던 것 같다면 어떻게 하는 것이 좋을까? 부모님을 원망해야 할까? 당연히 아니다. 당시에는 그럴 만한 사정이 있었을 것이다. 우리 집은 어머니가 돈을 벌어야 하는 상황이었다. 또 누군가의 부모님은 다른 이유로 자녀에게 애정을 제대로 표현하지 못했을 수 있다. 여러분도 혹시 어린 시절 부모님에게 충분히 사랑받지 못했다는 생각이 들어도 너무 서운해하지는 말자. 지나간 일은 이미 지나간 일이다.

대신 성인이 된 지금이라도 안정적인 애착관계를 형성하면 된다. 당신의 연인, 배우자, 친구, 직장 동료, 같은 모임의 멤버 그 누구든 상관없다. 마음을 터놓고 얘기할 수 있는 상대, 나의 모든 것을 드러내도 떠나지 않을 사람을 만들어보자. 이제부터 부모님과 안정적인 애착관계를 만들어가도 좋다. 늦지 않았다. 지금의 그런 경험은 '내가 좋아하는 사람, 내가 사랑하는 사람은 나를 쉽게 떠나지 않는다'라는 생각을 더 명확히 심어줄 수 있다. 그런 만큼 관계에 있어서 혹시도 있을지 모르는 상대에 대한 과도한 의존과 집착을 버릴 수 있다.

대인관계의 불안감은 대인관계의 안정적 경험으로 극복할 수 있다. 나와 그러한 경험을 쌓아갈 상대를 지금 당장 찾아보자. 그런 사람은 반드시 있다. 누군가로부터 사랑받고 있다는 느낌, 그 사람이 떠나가지 않을 것이라는 느낌을 가져보는 것은 그래서 중요하다. 미국의 베스트셀러 작가 마크 맨슨은 이렇게 말했다.

"누군가에게 사랑받고 있다는 느낌은
우리를 더 강하고, 더 용감하고,
더 자신감 있는 사람으로 만들어준다."

당신을 더 강하고, 용감하고, 자신감이 넘치도록 만들어줄 사람을 찾아보자. 그런 사람은 멀리 있지 않다. 가까이서 찾아 보자.

선택의 순간에
망설이게 되는 이유

당연하게도 우리의 삶은 선택의 연속이다. 다음 날 아침에 언제 일어날 것인지 그 전날 밤부터 선택을 해야 하며, 밤에 몇 시에 잠들 것인지까지도 선택을 해야 한다. 그사이 하는 수십 가지의 선택은 말할 것도 없다. 아침에 어떤 옷을 입을 것인지, 어떤 화장을 할 것인지, 어떤 가방을 들 것인지, 어떤 신발을 신을 것인지, 출근길 간식을 어떤 것으로 먹을 것인지, 점심으로 짜장면을 먹을까? 짬뽕을 먹을까? 버스를 탈까? 지하철을 탈까? 엘리베이터로 올라갈까? 계단으로 뛰어 올라갈까? 전화를 할까? 카톡을 보낼까? 그 짧은 시간에도 '뭐가 더 나을지'를 고민한다.

이러한 사소한 선택이 아닌 좀 더 중요한 선택을 앞두고는 불안을 느끼기도 한다. '이직을 하는 것이 좋을까? 그냥 지금 회사에 머무르는 것이 좋을까? 지금 회사에 머무른다면 영업팀으로 가는 것이 좋을까? 마케팅팀으로 가는 것이 좋을까?', '썸남과 교제를 이어가는 것이 좋을까? 아니면 이쯤에서 그만두는 것이 좋을까? 결혼은 하는 것이 맞을까? 아니면 그냥 혼자 사는 삶이 좋을까? 아이는 낳는 것이 좋을까? 아니면 딩크족으로 아이 없이 지내는 것이 좋을까?' 우리는 끝없이 선택과 불안의 순간에 직면한다. 매 순간 선택을 해야 하며 매 순간 불안을 느낀다. 특히나 중요한 선택을 앞두고 더욱 불안을 느끼는데 그 이유를 살펴보자.

첫 번째, 더 올바른 선택, 더 정답에 가까운 선택이 있다고 무의식적으로 믿고 있기 때문이다. '정답을 선택하지 못하면 어떡하지?' 하는 불안감이 있는 것이다. 군대 전역을 3개월 앞둔 20대 남성이 있었다. 그는 앞으로의 진로에 대해 심각하게 고민하기 시작했다. 다니던 학교로 복학하여 항공정비 관련 직업을 목표로 할지, 자신이 정말 하고 싶었던 여행상품 개발 관련 직업을 목표로 할지 고민했다. 그는 혼란스러웠다. 항공정비 관련 일을 하면 안정적 수입과 생활이 가능했다. 하지만 재미는 없을 것 같았다. 대신 여행상품 개발 일을 하면 적성에도 맞고 즐겁게 일할 수 있을 것 같았다. 그러나 수입이 불안정해 보였다. 무엇이 더 좋은 선택인지 그는 깊은 고민에 빠졌다.

누구나 이런 상황에 처한다면 불안을 느낄 수 있다. 특히 자신의 진로, 미래와 관계된 선택을 해야 하는 상황이라면 더욱 그렇다. 이때 정답이란 없다. 어떤 선택이든 장단점이 있기 때문이다. 충분히 고민했다면 과감히 결정하는 것도 필요하다. 이제부터는 당신이 내린 결정이 올바른 선택이 된다고 생각해야 한다. 당신이 선택한 결정이 최선이라고 믿으며 그 결정에 따라 이후 최선을 다하면 된다. 그것이 진정으로 올바른 선택을 하는 방법이다. 그렇게 선택을 앞두고 느끼는 불안감을 줄일 수 있다. '최선의 선택이 아니라면 어떡하지? 그래서 내 인생이 꼬이면 어떡하지?' 하는 불안감에서 자유로워질 수 있다.

두 번째, 타인의 시선을 지나치게 의식하기 때문이다. 우리는 살아가며 알게 모르게 주위의 영향을 받는다. 좋은 성적을 거두어야 하고, 좋은 친구들과 사귀어야 하고, 좋은 대학에 가야하고, 모두가 선망하는 직업을 가져야 하며, 일정한 나이에 결혼을 하고, 나이대별로 어느 정도의 재산을 가지고 있어야 한다는 사회적 기대치가 있다. 아무리 자신의 가치관이 뚜렷한 사람일지라도 이러한 인식에서 완전히 자유로울 수 없다. 그렇기에 누구나 중요한 결정을 앞두고 타인의 시선을 전혀 의식하지 않을수는 없다. '내가 이런 학과에 진학하겠다고 하면 부모님이 뭐라고 하실까?', '내가 이 회사로 이직한다고 하면 여자친구가 만족해할까?', '내가 회사를 그만두고 프리랜서 일을 시작한다고 하면 주위 사람들의 반응이 어떨까?'처럼 주위 사람들에게 어떤 평가를 받을지 불안하고 두려워질 수 있다.

독단적인 결정은 쉽지 않다. 주변 사람들의 생각과 의견도 참고해야 한다. 하지만 말 그대로 '참고'해야 하는 수준이어야 한다. 당신이 어떤 선택을 하든 어차피 주변 사람들은 그 결과를 책임져주지 않는다. 그 선택에 대한 책임은 오로지 당신의 몫이다. 그러므로 회사의 이직, 진로의 재설정, 누군가와의 만남·이별처럼 중요한 선택을 해야 할 때는 자신의 판단과 결심을 우선순위로 두자. '주변 사람들이 어떻게 받아들일까?'를 생각하며 불안해하지 말자. 주위 사람은 주위 사람일 뿐이다.

어떤 선택을 하든 당신은 당신에게 좋은 선택을 할 것이다. 어떤 선택을 하든 당신은 그 선택이 요구하는 최선의 노력을 해야 한다. 이직을 하기로 결심했다면 이직을 위한 최선의 노력, 이를테면 현재 회사에서 쌓을 수 있는 경험을 최대로 쌓거나 이직에 도움이 되는 자격증 취득을 위한 공부를 시작할 수 있다. 또한 지금 만나고 있는 사람에게 정착하기로 마음을 먹었다면 그 사람과 좀 더 현실적인 문제들에 대해서 허심탄회하게 얘기를 나누어볼 수 있다. 어떤 선택을 하던 그 선택이 요구하는 최선의 노력을 하면 된다. 그럼 그것이 최선의 선택이 된다. 최선의 선택은 그렇게 만들어지는 것이다.

미국의 작가이자 심리학자인 윌리엄 제임스는 그의 저서 《믿는 의지(Will to Believe)》에서 다음과 같은 말을 했다.

"인생에서 중요한 것은

우리가 무엇을 선택하느냐가 아니라

그 선택에 대해 무엇을 하느냐이다."

우리가 어떤 선택을 앞두고 고민하는 순간 그 자체로 좋은 선택, 나쁜 선택은 없다. 좋은 선택인지 아닌지는 선택 이후에 자신이 어떻게 하느냐에 달려 있다고 생각하자. 우리가 할 수 있는 진정한 최선은 그 선택을 한 후 그에 맞게 최선을 다하는 것이다. 그것이 우리가 할 수 있는 전부이다. 그렇게 우리는 선택의 불안을 줄일 수 있다.

꼬리에 꼬리를 무는
불안을 끊어내는 법

한번 시작된 불안한 생각은 쉽게 멈추지 않는다. 그다음의 불안한 생각, 그다음의 더 큰 불안한 생각을 차례로 만들어내기 때문이다. 일종의 부정적 사고 패턴과 같다. 한번 불안을 느끼기 시작한 사람은 이후에 발생하는 모든 상황을 부정적으로 바라보게 될 가능성이 큰 이유다.

40대 직장인 J씨는 한번의 부정적 사고가 더 큰 부정적 사고로 잘 연결되는 사람이었다. 예를 들어, 그가 업무 문의를 위해 회사 동료에게 메시지를 보냈는데 상대가 답이 없는 경우, 그는 불안해지기 시작한다.

'뭐지? 읽었는데 왜 답장이 없지? 나를 무시하나? 아님 바빠서 대답을 못 하고 있는 건가? 혹시 내가 뭐 잘못한 게 있나? 나를 안 좋아하는 건가? 아님 회사 일로 개인 카톡 받는 것을 싫어하는 사람인가?'

이처럼 짧은 시간에 많은 생각이 밀려들며 불안에 빠졌다. 이러한 불안은 다음 단계의 불안으로 옮겨갔다.

'아, 이 사람도 나를 별로 안 좋아하는가 보다. 다른 사람들도 그럴까? 그러고보니 며칠 전 단톡방에서 내가 보낸 카톡에만 반응이 없었지. 나를 아는 모든 사람이 다 나를 싫어하는 거면 어떡하지? 지금부터라도 다른 모습을 보여줘야 할까? 나는 어떤 문제가 있는 걸까? 대체 뭘 고쳐야 하는 것일까?'

불안은 제2, 제3의 불안으로 번져갔다. 초기의 불씨가 삽시간에 집 한 채를 태워버리듯, 초기의 불안감이 삽시간에 마음 전체로 번져버리는 사람이었다.

한번 시작된 불안한 생각은 잡초와도 같다. 저절로 없어지지 않는다. 그냥 내버려두면 더 크게 번식해 나간다. 불안한 생각이 시작되었을 때 초기에 잡아야 하는 이유다. 불안한 생각을 어떻게 초장에 통제할 수 있을까?

초기의 불안한 생각을 다루는 좋은 방법은 누군가에게 털어놓는 것이다. 사회심리학자 제임스 펜베이커 박사는 자신의 감정을 솔직히 표현하는 글쓰기가 불안감과 같은 감정 해소에 얼마나 도움이 되는지 알아보기 위한 실험을 진행했다. 그는 불안과 스트레스를 느끼고 있는 사람들을 두 그룹으로 나누어 15분 글쓰기를 하도록 했다. 단, 조건이 있었는데 첫 번째 그룹은 자신이 현재 느끼는 감정을 있는 그대로 표현할 수 있도록 허용하고, 두 번째 그룹은 단지 중립적 주제의 글만 쓰도록 했다. 즉 감정을 표현하는 글쓰기가 제한된 것이다. 그 결과, 자신의 감정을 표현하도록 허용되었던 첫 번째 그룹은 불안과 스트레스가 큰 폭으로 감소되는 경향이 있었다. 반면, 감정 표현이 허용되지 않

은 두 번째 그룹의 불안과 스트레스 수준은 큰 변화가 없었다.[10]

이처럼 자신의 불안함을 있는 그대로 표현하기만 해도 불안함을 낮추는 데 도움이 된다. 글쓰기뿐만 아니다. 자신의 불안한 감정을 표현할 수 있으면 된다. 자신의 친구, 연인, 배우자, 직장 동료, 온라인 익명 게시판 등 모두 좋다. 자신의 불안감을 그 누구, 어떠한 형태로든 표현할 수 있다면 불안감을 낮출 수 있다. 불안한 생각은 번식력이 강하다. 그러므로 초기의 불안한 생각을 그대로 두면 제멋대로 커진다. 불안한 생각을 빠르게 털어놓자. 반려견에게라도 털어놓는 것이 도움이 된다.

20대 중반의 남성 P씨는 집에서 홀로 지내는 시간이 많았다. 고등학생 때 따돌림을 당해 성인이 된 지금까지도 대인관계에 대한 두려움이 있었다. 군입대 전까지 주로 집에서 혼자 지내며 게임과 온라인 채팅에만 몰두했다. 밥도 제대로 먹지 않고 하루에 게임하는 시간이 14시간을 넘긴 적도 많았다. 그러면서 대인관계에 대한 두려움과 미래에 대한 불안은 커져만 갔다. 혼자 지내는 시간이 길어지며 환청을 듣는 횟수도 증가했다. 집에 분명 혼자 있는데 누군가 자기의 이름을 부르는 소리가 들려 고개를 돌려보면 아무도 없었다. 그렇게 외로움, 불안감이 섞여 점점 더 상황이 악화되고 있었다.

그런 그에게도 말동무가 있었다. 바로 그의 반려견이었다. 그는 하루에 있었던 일을 반려견에게 들려주었다고 한다. 오늘은 어떤 게임을 했고, 경기 승패가 어땠으며, 그래서 기분이 어땠는지, 어떤 불안감이 있고 무엇이 두려운지 등을 털어놓았다. 그렇게 하고 나면 마음의 불안감이 조금은 사라졌고, 불안감이 더 크고 악한 생각으로 번지는 것을 막을 수 있었다. 지금은 성실히 군 복무를 수행하고 있다. 이처럼 불안감은 어떠한 형태로든 털어놓아져야 한다. 빠르면 빠를수록 좋다. 털어놓지 않으면 불안감은 점점 커져 어느 순간 당신을 짓누를 것이다.

실수를
유연하게 바라볼 줄 알아야 한다

IT 기업의 팀장으로 근무하고 있는 30대 후반의 C씨는 나이에 비해 빠른 승진을 한 사람으로서 큰 기대를 받고 있었다. 그런 만큼 그는 맡은 일을 실수 없이 해내고 싶었고, 그것을 팀원에게도 강조하였다. 하지만 한편으로는 불안했다. '내가 팀장으로서 역할을 잘 해낼 수 있을까? 나이 어린 팀장이라고 사람들이 무시하지는 않을까? 내가 팀원들 앞에서 실수를 하지는 않을까?' 하는 생각들이 순간순간 밀려왔다. 이러한 불안은 그를 위축되게 만들었고, 팀원들과의 관계에도 영향을 미쳤다. 실수하는 모습은 보이지 말아야 한다는 생각 때문에 팀원들과의 소통 자체를 최소화했다. 팀원들은 소통하지 않는 팀장을 어떻게 생각했을까? 답답하고 리더십 없는 팀장으로 생각했을 것이다. 업무에 대한 명확한 가이드라인도 제시하지 않고 성과에 대한 구체적 피드백도 없는 팀장을 답답하고 무능하다고 여겼다. 결국 C씨는 실수를 보이지 않는 대신 팀원들에게 답답하고 무능력한 팀장으로 인식됐다.

'아티키포비아(Atychiphobia)'는 실수, 실패에 대한 지나친 공포증을 의미한다. 실수나 실패는 누구나 할 수 있는 것이지만 이에 대해 공포증 수준으로 극도로 민감하게 반응하고 꺼려하면 그로 인해 많은 문제가 발생한다. '실수를 하지 말아야지'라는 생각이 불안을 키우기 때문이다. 실수했을 때 '저 사람은 능력이 없나봐', '팀장 재목이 아니야'라는 타인의 평가를 받을까봐 불안해하고, 실수했을 때의 좌절감과 수치심 등을 견디기 힘들어한다. 그런데 말이다. 정말 사람들은 그렇게 생각할까? 사람들은 당신이 실수했을 때 당신이 걱정하는 수준만큼 안 좋은 평가를 할까?

입장을 바꿔놓고 한번 생각해보자. 여러분은 타인의 실수를 보면 어떤 생각이 드는가? '아니 어떻게 저런 실수를 할 수 있지? 도저히 이해가 가지 않는다. 나라면 절대 저런 실수는 하지 않을 텐데' 이런 생각을 하는가? 아닐 것이다. 나도 그렇다. 누군가 실수를 하는 모습을 보면 '저 사람도 사람은 사람이네. 실수도 하고 말이야' 하며 비난보다는 공감의 마음이 앞선다. 나라도 그런 상황에서 충분히 똑같은 실수를 할 수 있다고 생각하기 때문이다. 사람은 생각보다 실수에 관대하다. 자신이 생각하는 것만큼 타인은 나의 실수를 민감하게 받아들이지 않는다. 그러므로 실수 자체를 두려워하지 말자. '실수하면 어쩌지' 하며 불안해하지 말자.

'실수를 하지 않으면 좋겠지만 실수를 해도 어쩔 수 없지, 뭐. 그래도 일은 크게 잘못되지 않는다'라고 생각하는 습관이 중요하다. 그러한 생각이 마음과 몸의 긴장감을 풀어주고, 여유가 생긴 몸과 마음은 오히려 실수를 줄여준다. '절대 실수하지 말아야지'라는 생각보다 '한두 번쯤은 실수할 수 있지, 뭐'라고 생각해보자.

실수를 한다고 해서 실제로 일을 완전히 그르치는 경우는 거의 없다. 실제로 실수를 해서 인생이 망한 적이 있는가? 단 한 번의 실수로 계획했던 모든 것이 수포가 된 적이 있는가? 단 한 번의 실수로 되돌릴 수 없는 상황에 직면한 적 있는가? 없을 것이다. 단 한 번의 실수로 인생을 송두리째 빼앗겨버리는 일은 없다. 실수는 할 만하니까 하는 것이다.

사소한 것에 하는 것이 실수다. 사람을 때리고 돈을 훔치고 유언비어를 퍼뜨리는 것을 실수라고 하지 않는다. 그런 것은 범죄다. 원래 의도와 다르게 말을 잘못 내뱉고, 작성해놓은 문서를 저장하지 않은 채 PC를 끄고, 친구에게 보냈어야 할 메시지를 부장님에게 보내고, 알람을 맞춰 놓지 않은 채 잠들어 지각하는 것을 실수라고 한다. 살면서 한 번쯤은 경험하는 일들이다.

이 세상에 실수하지 않는 사람이 어디 있겠는가? 실수를 좀 덜 하는 사람은 있어도 실수를 아예 하지 않는 사람은 없다. 실수를 아예 하지 않겠다고 마음먹는 것 자체가 실수다. '어느 정도의 실수는 받아들이자'라고 마음먹는 것 자체가 실수를 대하는 올바른 방법이다. 물론 실수하지 않도록 주의는 기울여야 한다. 그런데도 할 수 있는 것이 실수다. 실수에 관대해지자. 자신의 실수에 관대해질 수 있는 사람이 타인의 실수에도 관대해질 수 있다. 실수를 허용하는 마음이 불안을 줄일 수 있다.

중요한 것은 실수하지 않는 능력이 아니라 그 실수를 경험으로 만드는 능력이다. 실수를 통해 뭔가 느끼고 깨닫고 배운 것이 있고, 다음번에 써먹을 것이 있다면 그것은 경험이 된다. 당장은 고통스러울 수 있지만 많은 실수는 많은 경험이 된다. 그만큼 나중에는 실수를 줄이고 자신이 원하는 방향으로 일과 삶을 이끌어 나갈 수 있다. 실수는 그런 식으로 경험이 된다.

"실수는 인간다운 것이다.
그것을 통해 배울 준비가 되어 있다면
그것은 경험이 된다."

미국의 수필가 랄프 에머슨의 말이다. 그의 말을 기억해보며 실수에 대해 조금만 더 너그러운 태도를 가지자. 그렇게 '실수하면 어쩌지?' 하는 불안감을 조금씩 떨쳐낼 수 있다. 실수할지도 모른다는 생각 때문에 불안해하지는 말자. 그런 실수는 하지 말자.

나의 가치를
있는 그대로 인정하는 태도

다른 사람들은 충분히 매력적이라고 생각하는데 스스로는 아니라고 생각하는 사람이 있다.

'나는 사람들이 생각하는 것만큼 그렇게 매력 있는 사람은 아닌데.'

'나는 사람들이 생각하는 것만큼 그렇게 유쾌하고 성격 좋은 사람은 아닌데.'

'나는 사람들이 생각하는 것만큼 그렇게 똑똑한 사람은 아닌데.'

이런 사람들은 관계에 있어서 쉽게 불안을 느낀다. 다른 사람들이 자신의 진짜 모습을 알게 되면 자신을 싫어하거나 떠나게 될지도 모른다는 생각 때문이다.

'내가 생각보다 그리 매력적이지 않은 걸 알게 되면 나를 싫어하겠지.'
'내가 생각보다 그렇게 재미있는 사람이 아니란 걸 알게 되면 나에게 실망하겠지.'
'내가 보이는 만큼 그리 능력이 좋은 사람이 아니었다는 것이 밝혀지게 되면 나를 떠나갈 수도 있다.'

이런 생각의 밑바탕에는 스스로 만든 '나는 원래 ○○한 사람'이라는 고정관념이 깔려 있다. 이런 고정관념은 과거의 어떤 경험이나 환경에 의해 생겨났을 것이다. 원인은 정확히 알 수 없다. 하지만 그런 믿음이 올바른 믿음인지는 따져볼 수 있다. 여러분 중에도 이런 믿음을 가지고 있는 사람이 있을 것이다. 한번 곰곰이 생각해보자. 당신은 스스로 매력적인 사람이라고 생각하는가? 정답은 없다. 자신이 생각하기에 매력적이라고 생각하면 매력적이고, 그렇지 않으면 그렇지 않은 것이다.

사람의 매력은 자기 생각과 믿음에서 비롯한다. 자신 스스로 그렇게 생각하지 않는데 타인이 그렇게 봐줄 리 없다. 다시 한번 말하지만 '나는 원래 어떤 사람'이라는 인식은 '자신 스스로가 자신을 어떻게 바라보는지'에서 비롯한다. 내가 나를 매력적이라고 생각하면 나는 '원래' 매력적인 사람이 되는 것이고, 내가 나를 유쾌한 사람이라고 생각하면 나는 '원래' 유쾌한 사람이 되는 것이다. 스스로가 믿는 모습을 자연스럽게 주위 사람들에게 보여주는 것이다. '나는 원래 그런 사람이 아닌데, 사람들이 나의 본모습을 알게 될까봐 두렵다'라고 생각할 필요가 없는 이유다.

20대 초반의 남성 H씨는 어렸을 적 따돌림과 괴롭힘을 당했다. 집이나 학교에서도 혼자 지내는 시간이 많았다. 그런 그가 유일하게 자신의 마음을 터놓을 수 있는 곳이 있었는데 바로 오픈채팅방이었다. 거기서는 익명으로 대화를 나누었기 때문에 편하게 마음을 개방할 수 있었다. 어느 날 그는 오픈채팅방에 자신의 힘든 마음과 상황에 대해 털어놓았다. 오프라인에서는 그 누구에게도 털어놓은 적 없는 이야기였다. 그의 이야기를 읽은 사람들이 "무척 힘들었겠어요. 그런 시간들을 어떻게 견뎌왔나요? 힘내세요"와 같은 반응을 보내왔고 그는 당황했다. 그는 누군가로부터 그런 공감과 위로를 처음 받아봤기 때문이었다. 그는 자신의 어두운 면을 솔직히 보여주면 사람들이 자신을 싫어할 줄 알았다. 하지만 실제는 생각과는 달랐다. '내가 나의 솔직한 모습을 보여줘도 사람들은 나를 싫어하지 않는구나'라는 새로운 생각이 들었다.

누구나 자신 스스로 좋아하는 모습이 있고, 싫어하는 모습이 있다. 누구든 자신의 모든 모습을 좋아할 수는 없다. 우리가 좋아하고 부러워하는 누군가의 모습도 정작 그 자신은 싫어할 수 있다. 좋아하고 싫어하는 것은 이처럼 상대적이다. 내가 싫어하는 나의 어떤 모습이 누군가에게는 그리 싫지 않게 보일 수 있다. 그러므로 자신이 생각하기에 100% 마음에 들지는 않아도 그것이 실제의 자신과 가까운 모습이라면, 그런 모습을 보여줘도 괜찮을 것 같은 상대라면 과감히 보여주자. 그렇게 해도 상대는 당신을 싫어하거나 떠나가지 않을 것이다.

심리학자이자 자기계발 강연가로 알려진 웨인 다이어는 다음과 같은 말을 했다.

"다른 사람의 평가에 대한 불안은
당신이 본래 가진 가치를
모르거나 인정하지 않는 것에서 온다."

여러분 스스로가 자신의 가치를 모르거나 인정하지 않는 것은 아닌가? 다시 말하지만 매력이라는 것은 결코 절대적이지 않다. 나에게는 매력적이지 않은 나의 모습이 누군가에게는 매력적인 모습으로 보일 수도 있다. 예를 들어, 자신이 실수를 자주 한다고 생각하는 사람이 있다고 하자. '나는 알고 보면 실수투성이라서 사람들이 나의 이런 본모습을 알게 되면 실망할 거야. 나에 대한 호감이 떨어질 거야'라고 생각하며 불안해한다. 실제로 그가 실수했을 때 사람들은 그를 어떻게 생각할까? '어? 저 사람 실수했네. 실망이다. 다음부터는 거리를 좀 두고 지내야겠다'고 생각할까? 그렇지 않다. '실수했네'라고 가볍게 인지하고 넘어가거나 실수한 것을 인지조차 하지 못하고 넘어가는 경우가 대부분이다.

생각해보면 그렇지 않은가? 누군가의 실수를 보며 대수롭지 않게 여기거나 실수했다는 것을 아예 모르고 그냥 넘어간 경우가 많다. 이처럼 우리는 타인의 모습을 낱낱이 인식하지 않는다. 우리는 모두 기본적으로 자기 자신을 가장 중요하게 생각하고, 자기 자신이 가장 큰 관심을 쏟는 대상이기 때문이다. 그런 면에서 타인의 행동과 모습은 이차적이다. 냉정히 말하면 사람들은 당신이 당신에 대해 생각하는 만큼 당신에게 관심이 없다. 앞으로는 이런 생각을 해보자.

'사람들은 어차피 내가 특별히 매력적이어서, 유쾌해서, 좋은 사람이라고 생각해서 내 곁에 머무는 것이 아니다. 그냥 그들 나름의 이유대로 나와의 관계를 형성하고 있는 것이다. 그러니 내 본모습을 알게 된 후 나에 대한 호감도가 떨어질 것이라고 먼저 불안해하지는 말자.'

이 세상에 매력이 없는 사람은 없다. 자신의 매력이 무엇인지 모르는 사람이 있을 뿐이다. 자신이 생각하는 매력과 타인이 생각하는 매력은 다를 수 있다. 그렇다면 자신의 원래 모습 그대로를 주변 사람들에게 보여주자. 거기서 분명 당신의 매력이 섞여 나온다.

아무것도 하지 않을 때
불안한 마음의 정체

나는 가만히 있으면 불안할 때가 있다. 멍하니 있을 때, 딱히 하는 것이 없을 때 시간을 낭비한다는 느낌이다. 심할 때는 시간을 허투루 보낸 것에 대한 죄책감이 들기도 한다. '내가 정말 그냥 이렇게 있어도 되나? 시간을 그냥 너무 아깝게 보내는 것 같은데' 하는 생각 때문에 불안하다. 나는 왜 그럴까? 사실 이런 특징은 지극히 '성취 지향적인 사람'에게서 나타나는 특징이다. 뭐라도 하지 않고 있으면 그냥 시간만 흐른다는 생각에 쉽게 불안해진다. 나는 아무것도 안 하고 가만히 있는데 다른 사람들은 그 시간에 무언가를 하고 있다는 생각에, 그만큼 뒤처진다는 생각에 불안해지는 것이다. 그래서 나는 시간이 생기면 뭐라도 하려고 한다. 책을 보려고 하거나 글을 쓰려고 한다. 그것도 아니면 몸이라도 움직여 운동이라도 하려고 한다. 어쨌든 일정한 시간을 보낸 후에는 일정한 결과물이 있어야 한다. 가시적 생산물이 있어야 한다는 강박관념이 있다.

'싸쏘포비아(Thaasophobia)'는 아무것도 하지 않고 휴식을 취하는 것에 대해 불안감을 느끼는 심리적 현상을 말한다. 이 용어는 그리스어로 '아무것도 하지 않는 것'을 의미하는 'thaas'와 '공포'를 의미하는 'phobia'가 결합하여 만들어졌다. 이러한 싸쏘포비아는 성취 지향적인 사람들에게서 흔히 나타나는데, 이들은 성공을 위해 노력하고 성취하는 것이 중요하다고 믿기 때문에 아무것도 하지 않는 시간을 낭비로 간주한다. 아무것도 하지 않고 휴식을 취하는 것에 대해 불안감, 죄책감, 스트레스를 느낀다. 더 나아가 실패하거나 뒤처질 것이라는 두려움을 느끼며 자신이 무능하거나 가치가 없는 사람이라는 생각마저 들기도 한다.

그런데 정말 그럴까? 아무것도 하지 않고 가만히 있으면 뒤처지게 되는 것일까? 시간을 무의미하게 보내는 것일까? 그렇지 않다. 그렇지 않다고 생각하려고 노력한다. 휴식은 분명 중요한 일이다. 우리가 아무것도 하지 않는 것이 정말로 아무것도 하지 않는 것이 아니다. 우리는 아무것도 하지 않음으로써 생각과 마음을 정리할 수 있다. 정신적·신체적 에너지도 충전할 수 있다.

'불멍', '물멍'이라는 말도 있지 않은가? 강변에 가서 말없이 조용히 흐르는 강물을 아무 생각 없이 보고 있는 것만으로도 우리는 마음이 편해지고 생각이 정리됨을 느낄 수 있다. '타닥타닥' 소리를 내며 불타는 장작을 보고 있으면 마음이 편해지는 것에도 다 이유가 있다. 무언가 조용히 타들어가는 장작을 아무 생각 없이 보고 있으면 무념무상에 빠진다. 그 자체로 마음과 정신이 정화되는 느낌이다. 물멍, 불멍은 아무것도 하지 않는 소극적 활동이 아니라 정신과 마음에 에너지를 공급하는 적극적 활동이다. 아무것도 하지 않는 것처럼 보이지만 아무것도 하지 않는 것이 아니다. 보이지 않는, 넘치는 에너지를 공급하는 적극적이고 힘이 넘치는 활동이다. 휴식이란 것은 이러한 관점에서 이해해야 한다.

휴식은 뇌가 정보를 처리하고 정리하는 시간을 제공하며 창의성을 촉진하는 데도 도움을 준다. 아인슈타인도 일주일에 하루는 아무것도 하지 않고 휴식을 취했다고 한다. 이러한 휴식을 통해 창의적인 사고력을 발휘할 수 있었던 것이다.

신경과학자 메리 헬렌은 뇌의 '디폴드 모드(Default Mode)'의 중요성을 강조하였다. 휴식 상태에서 활성화되는 뇌의 상태로, 이 상태가 되면 어떤 특정한 것에 주의를 기울이지 않고 자유롭게 생각하고 상상할 수 있게 된다. 이 상태에서는 창의적인 아이디어가 떠오르고, 문제 해결 능력이 향상되며, 스트레스가 감소한다. 또한 타인의 생각과 감정을 이해하고, 공감하고, 관계를 형성·유지해볼 수 있는 기회를 더 많이 가질 수 있게 된다. 즉 타인의 의도, 기분, 생각 등을 이해할 가능성이 커지는 것이다.[11] 이는 당연하게도 사회적 관계 및 상호작용에서 중요한 역할을 한다.

여러분도 자신을 성취 지향적인 사람이라고 생각하는가? 아무것도 하지 않고 있으면 쉽게 불안해지는가? 물론 그런 성향의

장점도 있다. 남들이 놀 때 당신은 쉬지 않고 부지런하게 움직여 무언가를 끊임없이 생산해내기 때문이다. 하지만 앞에서 강조했듯 아무것도 하지 않는 것, 휴식을 취하는 것의 중요성을 알아야 한다.

아무것도 하지 않는 시간은 남들에게 뒤처지는 시간이 아니다. 자신을 가다듬고, 전열을 다잡아 새로운 에너지를 충전하는 시간이다. 또 다른 수준으로 나아가기 위한 필수적 시간이다. 그러므로 아무것도 하지 않는다고 해서 불안해하지 말자. 성취와 성공에 대한 열망으로 인해 '아무것도 하지 않는 것'의 필요성을 놓치지는 말자. 아무것도 하지 않을 때는 적극적으로 아무것도 하지 말자. 아무것도 하지 않는 것은 쉬운 일이 아니다. 생각보다 많은 에너지와 노력이 드는 일이다. 아무것도 하지 않는 것만큼 중요한 일은 없다. 당신이 온전히 휴식한다면 이후 더 많은 일을 해내고 성과를 창출할 수 있다. 아무것도 하지 않음이란 그런 것이다.

아무것도 하지 않는 것에 대한 강박관념이 있는 사람이라면 노력과 연습이 필요하다. 아무것도 하지 않는 시간을 주기적으로 가져보자. 아침에 일어나서 아무것도 하지 않으면서 커피를 한 잔 마셔보자. 아침 출근길에 버스 안이나 지하철 안에서 휴대폰을 들여다보지 않고 그냥 멍하니 있어 보자. 점심 산책길에서 그냥 아무 생각 없이 걸어보자. 잠시 쉬는 시간에 바깥이 보이는 창가에 서서 지나가는 사람과 차들을 아무 생각 없이 바라보자. 잠들기 전 창문 밖의 밤하늘을 보며 멍을 때려보자. 그렇게 아무것도 하지 않는 것에 익숙해질수록 우리는 더 많은 편안함과 에너지를 얻을 수 있다. 아무것도 하지 않는 것, 그것은 아무것도 하지 않는 것이 아니다.

불안의
허용치 높이기

누구나 불안을 느낀다. 그리고 불안을 감당할 수 있는 수준은 사람마다 다르다. 다시 말하자면 불안의 허용치가 다르다는 것이다. 어떤 사람은 작은 일에도 큰 불안을 느낀다. 또 어떤 사람은 웬만한 상황에서는 불안을 느끼지 않는다. 이처럼 사람마다 허용할 수 있는 불안의 양이 다르다. 불안을 느끼기 시작하는 일종의 역치(閾値)가 다른 셈이다. '나는 이 정도로는 불안을 느끼지 않아' 하며 웬만한 상황은 의연하게 대처해내는 사람은 그만큼 불안의 허용량이 크다고 할 수 있다. 하루에도 여러 번 걱정과 불안에 시달리는 사람은 이 불안의 허용량을 늘릴 필요가 있는 것이다. 불안의 허용량을 높이는 방법에는 무엇이 있을까?

첫 번째, 불안을 느낀다는 사실, 그 자체를 먼저 인정하는 것이다. 자신이 불안을 느끼고 있다는 사실 자체를 인정함으로써 불안의 허용치를 늘릴 수 있다.

미국 캘리포니아대학교 심리학과 로라 캠벨실스 교수는 불안장애, 기분장애를 가진 참가자들을 대상으로 한 가지 실험을 진행했다. 참가자들에게 불안을 불러일으키는 영화를 보여주면서, 한 그룹은 영화를 보는 동안 감정을 참도록 하고, 다른 그룹은 영화를 보는 동안 감정을 표현하도록 했다. 그 결과, 감정을 표현했던 그룹은 감정을 참았던 그룹에 비해 영화 관람 후 심장 박동수가 감소하는 양상을 보였다.[12] 이처럼 불안을 느낄 때 표현하는 것이 불안 감소에 도움이 될 수 있다. 불안감을 느끼는 상황에서 불안감을 그 자체를 인정하고 받아들이는 태도가 중요한 이유다.

'다음 달이 진급 발표네. 나는 불안하지 않다. 진급이 되지 않아도 상관없다. 나는 괜찮다.'

'남자 친구가 최근에 연락이 뜸하네. 뭐 이유가 있겠지. 나는 괜찮다. 불안하지 않다.'

'올해 안으로 집이 팔려야 할 텐데. 그렇지 않으면 내년에는 집이 경매로 넘어갈 수도 있는데. 잘 해결될 수 있도록 하자. 계속 불안해하지는 말자.'

불안을 억제하고 인정하지 않는 행동은 불안 감소에 도움이 되지 않는다. 자신이 불안감을 느끼고 있다는 사실을 직시하고 받아들일 줄 알아야 한다. 자신의 불안함을 인정하는 것이 자신의 불안함을 통제할 수 있는 첫 번째 단계다. 자신의 상태를 스스로 인정하지 않는 사람이 어떤 노력을 시작할 수 있겠는가? 몸에 이상이 있다는 것을 인정한 사람이 치료를 시작할 수 있듯, 자신이 불안을 느끼고 있다는 사실을 체감하고 인정한 사람이 불안 다스리기를 시작할 수 있다. 자신의 불안을 인정할 때 불안을 다스릴 수 있는 힘이 생긴다.

불안의 허용량을 높이는 두 번째 방법은, 어떤 일이든 계획한 대로 되지 않을 수도 있다는 점을 받아들이는 것이다. 계획을 짜놓고 계획대로 되지 않을까봐 불안해하는 사람이 있다. 실제로 계획을 실행했을 때 일의 순서나 진행이 틀어지면 거기서 불안을 느끼는 사람이 있다. 이런 사람들은 불안의 허용량이 낮아 쉽게 불안을 느낄 수 있다. 따라서 돌발변수의 발생 가능성을 항상 염두에 두는 연습이 필요하다. '언제든 예상치 못한 일은 벌어질 수 있다'는 생각을 미리 하는 것이다.

나는 이러한 점에서 불안의 허용량이 높은 편이라 생각한다. 웬만한 일에는 불안해하지 않으려 한다. 예를 들어, 항공편이 지연되거나 취소될 수도 있다는 점을 여행 출발 전에 미리 염두에 두면 실제로 그런 일이 발생했을 때 불안감을 덜 느낀다. 그러한 상황 자체를 감안했기 때문이다. 그만큼 불안의 허용량이 올라가는 것이다. 어떤 일을 준비하고 시작하는 과정에서 계획은 당연히 중요하다. 당연히 계획을 세워야 한다. 하지만 계획을 세운다고 해서 모든 일이 항상 계획대로 진행되지 않을 수 있다. '언제나 변수는 있을 수 있다'고 생각하자. 예상치 못한 방향으로 일이 진행될 수 있다고 생각하자. 이것이 불안을 낮추는 좋은 습관이다.

우량주라고 생각하여 투자한 투자 종목에 예상치 못한 악재가 나와 손실을 볼 수 있고, 즐겁게 떠난 제주도 가족 여행에서 기상 악화로 비행기가 결항되어 원하는 날짜에 돌아오지 못할 수도 있다. '잘 접수되었겠지!' 하며 안심했던 퇴직금 신청서에 예상치 못한 오류가 있어 퇴직금을 늦게 받을 수도 있다. '내가 계획한 대로 일이 진행되지 않으면 어쩌지?' 하며 쉽게 불안을 느끼는 사람이라면 이렇게 생각하자.

'계획은 당연히 필요하다. 하지만 항상 모든 일이 계획대로 되는 것은 아니다.'

미국의 작가 마크 트웨인은 다음과 같은 말을 했다.

"불안은 예상치 못한 일을 걱정하는 것이다.
하지만 예상치 못한 일은 항상 일어날 수 있다.

따라서 불안을 줄이기 위해서는
예상치 못한 일이 일어날 수 있다는 점을
염두에 두는 것이 중요하다."

그 역시 이런 자세의 중요성을 강조했다. 예상치 못한 일에
대해 열린 마음을 갖자. 이런 생각을 할 수 있다면 미래에 생길
지 모르는 돌발변수나 변화에 대해 그리 불안해하지 않을 수 있
다. 그만큼 불안의 허용량과 대응 범위가 넓어질 수 있다. 그만
큼 의연함을 가질 수 있다. 남들은 불안을 느낄 만한 상황에서
불안을 덜 느낄 수 있다.

자주 불안을 느낄수록
몸도 아프다

불안은 단지 정서적 고통으로 끝나지 않는다. 실제로 우리의 몸과 행동에 부정적 영향을 미친다. 불안을 자주, 강하게 느낄수록 우리의 몸도 고통을 받는다. 불안을 느끼는 사람들이 자주 보이는 특징과 증상이 있다. 이런 특징을 통해 여러분 자신이 불안을 느끼고 있는 것은 아닌지 혹은 상대방이 불안을 느끼고 있는 것은 아닌지 파악해보자.

첫 번째, 행동적 특징이다. 불안을 느끼는 사람들은 발이나 다리를 떤다. 또는 손톱을 물어뜯거나 몸을 이리저리 흔들기도 한다. 자신도 모르게 이런 행동을 자주 하는 것 같다면 그만큼 불안을 쉽게 느낀다고 봐야 한다. 그러한 행동은 상대에게도 영향을 미친다. 누군가가 다리를 떠는 행동을 보면 나도 덩달아 동요된다. '이 사람 뭔가 불안한가?' 하는 생각이 들며 걱정이 되기도 한다. 손톱을 물어뜯는 행동도 마찬가지다. 그런 사람을 보면 뭔가 불안해 보인다. 위생적으로도 안 좋아 보인다.

그러므로 여러분 자신도 이런 행동을 무의식적으로 자주 하고 있는 것 같다면 생각해보자. 자신이 요즘 불안을 느낄 만한 어떤 일이 있는 것인지, 그런 일이 없는데도 그런다면 평소 그런 행동이 습관화된 것인지, 입장을 바꿔놓고 상대가 그런 행동을 한다면 어떤 기분이 들 것 같은지 생각해보면 좋겠다.

두 번째, 수면의 어려움이다. 불안을 느끼는 사람은 밤에 쉽게 잠들지 못한다. 상담을 하다 보면 불안감을 호소하는 사람들에게서 공통적인 특징들을 발견한다. 그중 하나는 밤에 잠들기까지 무척 많은 시간이 걸린다는 것이다. 짧게는 30분, 길게는 2, 3시간 동안 잠들지 못한다. 눈만 감은 채로 잠이 들기까지 기다리고 있는 것이다.

　이로 인한 고통은 겪어본 사람만이 안다. 잠 못 드는 고통은 이루 말할 수 없다. 가까스로 잠이 들어도 쉽게 깬다. 다음 날 아침까지 수시로 깬다. 자다 깨보면 30분이 지나 있고, 또 자다 깨면 1시간이 지나 있다. 그렇게 자다 깨다를 반복하다 보면 당연하게도 다음 날은 죽을 맛이다. 온종일 머릿속에 먹구름이 끼어 있는 느낌이다. 정신적, 신체적으로도 피곤하여 사소한 것에도 예민하게 반응한다. 동료의 농담, 친구의 실수, 해야 할 일에 쉽게 짜증을 내고 화를 낸다. 여러분도 혹시 쉽게 잠을 이루지 못하거나, 수시로 깬다면 자신이 최근 어떤 불안감을 느끼고 있는지 생각해보자.

　세 번째, 회피하려는 성향이 생긴다. 불안을 느끼는 사람들은 특정한 상황이나 물건을 피하는 경향이 생길 수 있다. 불안의 원인이 되는 상황을 피하려 하기 때문이다. 불안을 유발하는 상황에서 멀리 떨어져 안전을 확보하려는 본능적 반응이다. 이러한 행동은 회의, 친목, 모임, 단체 활동, 대인관계 등 다양한 상황에서 나타날 수 있다. 사회적 상황에서 불안을 느끼는 사람은 대화를 피하거나 회식, 단체활동, 모임 등에 참석하지 않으려고 할 수 있다. 그런 일이 생기면 '뭐라고 얘기하고 빠질까?' 하며 빠질 생각부터 한다.

'랄로포비아(Lalophobia)'는 말하는 것을 피하고 두려워하는 공포증을 의미한다. 이 공포증이 있는 사람은 발표처럼 여러 청중 앞에서 말하는 것에 두려움을 느끼거나 일상에서 사람들과 대화를 나누는 상황 자체를 무서워하기 때문에 어떻게 해서든 그 상황을 피할 수 있는 변명거리를 만들어내려 한다. 이런 증상이 심해지면 사회 또는 대인기피증으로 발전할 수도 있다. 혹시라도 최근에 자신이 사람들이 많이 모여 있는 장소나 누군가와의 대화를 피하고 싶은 마음이 예전보다 커진 것 같다면 어떤 불안감이 자라고 있는 것인지, 무엇 때문에 그 상황을 피하고 싶은 것이지 확인해보자.

네 번째, 신체적 문제가 발생한다. 미국 카네기멜론대학교 심리학과 셀던 코헨 교수는 정신적 스트레스와 질병에 관한 연구를 통해 불안감과 같은 심리적 스트레스가 지속될 경우, 면역계 기능이 약화될 수 있음을 발견하였다. 또한 신체 내 염증 반응을 증가시켜 심혈관 질환, 당뇨병과 같은 만성적 질병의 원인이 될 수 있다고 주장하였다.[13] 이처럼 불안감은 우리의 신체에도 직접적인 영향을 끼칠 수 있다. 혈압을 낮추고 빈뇨 증상을 개선하고 머리카락이 덜 빠지게 하려고 많은 약을 복용하는 것도 중요하지만 마음의 불안을 낮추는 것도 중요한 이유다.

불안은 분명 마음에서 시작된 감정이다. 이 감정을 가만히 내버려두면 몸도 상할 수 있다. 불안이 우리의 몸을 통해 보내는 신호를 무시하지 말자. 다리를 떨고, 잠을 못 자고, 사람들과의 대화를 피하고, 몸이 더 자주 아픈 것 같다면 자신이 최근 어떤 불안감을 느끼고 있는지, 그 불안은 어디서 온 건지 확인해보자. 그 불안을 낮추기 위한 적극적 노력을 시작하자. 당신의 불안이다. 당신이 관심을 기울이지 않으면 아무도 관심을 두지 않는다. 불안에 대한 대처는 빠르면 빠를수록 좋다.

3장

불안이
삶의 무기가 되는 순간

사람은 마음이 유쾌하면 종일 걸어도 싫증이 나지 않지만
걱정이 있으면 잠깐을 걸어도 싫증이 난다.
인생의 행로도 이와 마찬가지로,
항상 밝고 유쾌한 마음이어야 한다.

- 윌리엄 셰익스피어

마음을 털어놓을
용기가 있는가

여러분은 불안한 마음을 감추려하는 편인가? 아니면 쉽게 털어놓는 편인가? 나는 불안한 마음을 잘 드러내지 않는 편이다. 불안한 마음을 드러내봤자 달라질 것이 없다고 생각하기 때문이다. 배우자, 친구, 동료 등 누구에게 털어놓아봤자 해결하는 데 큰 도움이 되지 않는다고 생각한다. 그럼 계속 그렇게 하는 것이 나을까? 불안한 마음을 혼자서만 지니고 있는 것이 나을까? 역설적이지만 불안한 마음이라도 표현하는 것이 낫다고 나는 생각한다. 왜 그럴까? 우선 자신의 불안한 마음을 잘 표현하지 않는 사람들의 특징을 살펴보자.

첫 번째, 자신의 감정을 누군가에게 털어놓는 것이 타인에게 부담이 될 수 있다고 생각한다. 공감이 간다. 내가 그렇기 때문이다. '내가 느끼는 불안감을 누군가에게 얘기하면 상대방도 불편해지지 않을까?' 하는 생각이 든다. 나는 지금 투자 문제로 골치가 아프다. 약 2년 6개월 전쯤에 투자 목적으로 사놓은 아파트가 있다. 당시 전세를 끼고 구입한 아파트인데, 부동산 하락기를 맞게 되어 전세값이 형편없이 하락했다. 새로운 전세입자를 구하더라도 지금 전세금에 비하면 턱없이 부족한 금액을 받을 수밖에 없다. 그럼 그 차이만큼 내가 돈을 마련해야 하는데 그 돈을 만들기가 쉽지 않다. 답답하고 불안하다. '이런 상황을 누군가에게 털어놓아봤자 상대방도 덩달아 불안해하고 불편해하겠지'라는 생각이 강하다. 그래서 그냥 혼자만 답답해하고 불안해하고 있는 중이다.

그런데 다시 생각해보기로 했다. 그럼 상대는 나의 불안감을 알게 되었을 때 실제로 불편감을 느낄까? 그럴 수도 있고, 아닐 수도 있다. 우리가 누군가에게 불편한 속마음을 얘기했는데 상대방이 불편해하고 부담을 느끼는 것 같다면? 그럼 어쩔 수 없다. 이번 기회에 그는 그런 사람이라고 생각하고 그 정도의 심리적 거리만 유지하면 된다. 당신의 불안한 마음을 듣고 불편으로 느끼는 사람이 있다면 그것은 그의 문제인 것이다. 당신이 잘못한 것은 없다.

두 번째, 자신의 불안감을 타인에게 털어놓는 과정에서 자신의 정보를 공개하는 것을 부담스러워 한다. 이런 사람도 이해가 간다. 자신의 불안감을 표출하기 위해서는 자신의 정보와 상황을 어쩔 수 없이 공개해야 한다. 그렇게 해서 일시적으로 자신의 불안감을 낮출 수 있을지는 몰라도 그만큼 사생활이 노출된다. 그럼 사생활이 노출되는 것이 문제가 되지 않는 가족이나 연인이라면 어떨까? 그것도 쉽지 않다. 왜냐하면 가족이나 연인이기 때문에 더욱더 솔직하게 말하지 못하는 일도 있을 것이기 때문이다.

아내 몰래 대출을 받아 주식을 하고 있는데 계속 손실만 나서 어찌할지 모르는 불안한 마음을 어찌 아내와 나눌 수 있겠는가? 요즘 들어 연락이 뜸하고 자신을 대하는 마음이 예전 같지 않은 연인에게 자신의 그런 불안함을 어떻게 쉽게 표현할 수 있겠는가? 이럴 때는 상대를 가려가며 자신의 불안한 마음을 털어놓아야 한다. 예를 들어, 회사에서의 불안함은 가족에게, 가족 때문에 느끼는 불안함은 친구에게, 친구 때문에 느끼는 불안함은 회사 동료에게 털어놓는 것이다.

세 번째, 불안감을 털어놓으면 자신의 약한 모습을 드러내는 것이나 다름없다고 생각한다. 이런 사람도 이해가 간다. 자신의 불안감을 솔직히 드러내는 것이 자신의 약한 면, 좋지 않은 면을 드러내는 것이라 느껴질 수도 있다. 동료와의 진급 경쟁에서 뒤처질지도 모른다는 불안감을 다른 동료와 나누기는 어렵다. 내가 쓴 보고서를 팀장님이 혹평할지도 모른다는 불안감을 다른 팀원과 나누기는 어렵다. 자신이 맡은 프로젝트가 실패로 끝날지도 모른다는 불안감을 그 프로젝트를 맡긴 팀장님과 나누기는 어렵다. '능력이 없는 사람, 자신감이 없는 사람'으로 비추어질지도 모른다는 두려움 때문이다. 이해가 간다. 모든 것이 경쟁처럼 느껴지는 사회 분위기 속에서 약한 모습을 보인다는 것은 쉽지 않을 수 있다.

그런데 정말 그럴까? 당신의 불안함을 드러내는 것은 당신이 정말 약하다는 증거일까? 그렇지 않다. 사람은 누구나 불안할 수 있다. 그러한 불안감을 보여줄 수 있다는 것은 오히려 용기 있는 사람이라는 증거다. 그 불안감을 극복해낼 자신감이 있다는 얘기다. 극복해낼 수 있는 불안감이니 자신 있게 드러낼 수도 있는 것이다. 그런 용기가 있다면 해결할 자신감도 있는 것이다. 당신의 자신감을 보여주자. 당신이 지금 느끼는 불안감은 충분히 극복해낼 수 있는 불안감이다. 압도당하지 않고 당신이 제압할 수 있는 것이다.

세계인권운동의 상징이 된 남아프리카공화국 전 대통령 넬슨 만델라는 이런 말을 한 적이 있다.

"두려움을 느끼지 않는 사람이 용감한 사람이 아니다.
두려움을 느끼면서도
그 두려움을 극복하는 사람이 용감한 사람이다."

그의 말을 이렇게 응용하고 싶다.

"불안함을 느끼지 않는 사람은 용감한 사람이 아니다. 그 불안함을 표현하고 극복할 수 있는 사람이 용감한 사람이다."

우리는 우리의 불안함을 드러내며 이겨내고 더 강해질 수 있다.

불안에도
임무가 있다

모든 감정에는 나름의 의미와 목적이 있다. 예를 들어, 좌절감을 느꼈을 때 우린 그 좌절감의 원인이 될 수 있는 사업의 실패, 꿈의 포기, 제안의 거절 등을 관찰하여 좌절감 극복 행동을 촉진할 수 있다. 두려움은 우리가 위험하다고 느끼는 상황에서 우리의 생존을 돕는 역할을 한다. 슬픔은 우리가 슬픔을 느끼는 이유에 대해 충분히 헤아려볼 수 있도록 하며, 분노는 그 순간 우리를 행동하게 하는 감정적 에너지를 일으킨다. 사랑은 우리가 타인과 연결되고 다른 사람을 소중히 여기도록 하는 욕구를 자극하며, 혐오는 그 대상을 피하고 꺼리게 할 행동을 촉진한다. 이처럼 모든 감정에는 나름의 존재 이유와 임무가 있다. 불안이라는 녀석도 마찬가지다. 불안에게는 어떤 의미와 목적이 있을까? 이 친구가 맡은 임무에 대해 간단히 알아보자.

첫 번째 임무는 적절한 수준을 유지하여 높은 성과를 창출하도록 독려하는 것이다. 너무 높은 불안이나 너무 낮은 불안을 느낄 때는 제대로 된 창출이 어렵다. 예를 들어, 수시전형으로 대학에 합격한 고3 수험생을 생각해보자. 그는 이미 합격증을 받아놓았기 때문에 이후 2학기 기말고사에 대해선 큰 관심이 없다. 시험을 잘 보든 못 보든 상관이 없기 때문이다. 그렇게 불안한 느낌이 없는 상태에서 임하는 시험에 평소의 실력이 나올 리 있겠는가? 반대로 너무 높은 수준의 불안을 느낄 때는 어떨까? 긴장하게 된다. 긴장하면 평소 실력이 나오지 않는다. 발표 연습 때 써먹었던 사례가 떠오르지 않고 눈앞이 새하얗게 된다. 실내 연습장에서 연습했던 스윙 자세가 실제 골프장에서는 무너진다. 잘하지 못할까봐 불안하고 긴장되기 때문이다.

가장 좋은 것은 적당한 수준의 불안을 유지할 때다. '여키스-

도슨 법칙(Yerkes-Dodson Law)'에 따르면 적당한 수준의 각성과 불안 상태를 유지할 때 성과 수준이 가장 높다고 한다. 이처럼 너무 높지도, 너무 낮지도 않은 불안 수준을 유지할 때 우리는 최상의 성과를 낼 수 있다. 적당한 불안 수준은 우리의 성과가 춤추게 만든다.

두 번째 임무는 위험 신호를 주는 것이다. 불안을 느낀다는 것은 우리가 어떤 심리적·신체적 위험에 처해 있다는 신호일 수 있다. 또는 우리가 어떤 일을 앞두고 만족스러운 상태에 있지 못하다는 신호일 수 있다. 나 역시 그럴 때가 있다. 어떤 시험, 회의, 강연을 앞두고 다른 때보다 유난히 더 불안할 때가 있다. '시험이 연기되면 좋겠다', '회의가 서면으로 대체되면 좋겠다'는 생각이 밀려든다. 나도 모르게 일을 회피하고 있는 것이다. 그때 왜 그랬는지를 생각해보면 시험공부를 대충했거나, 회의에 필요한 자료를 제대로 읽어보지 않았거나, 강연 내용을 최신 자료로 업데이트하지 않았거나 준비가 미흡했기 때문이었다. 그렇게 게으름을 피웠을 때 어김없이 불안감이 찾아왔다. 내 몸이 먼저 알고 불안에 떨고 있었던 것이다.

이런 의미에서 불안은 어떤 일을 앞두고 자신이 그 일에 대해 얼마나 준비되어 있는지를 확인하는 센서가 될 수 있다. 만일 여러분이 어떤 중요한 시험, 프로젝트, 발표를 앞두고 평소보다 과도한 불안감을 느끼고 있다면, 그것은 그만큼 준비가 제대로 되지 않았다는 의미다. 그럴 때는 자신이 어떤 부분이 부족한지, 어떤 것을 더 보완해야 하는지 철저히 살펴보자. 그럼 불안을 좀 덜 느낄 수 있다.

세 번째 임무는 우리의 창의력을 자극하는 것이다. 30대 여성 직장인 K씨는 회사에서 신제품 발표회를 앞두고 불안했다. 고생해서 프레젠테이션을 준비했는데 많은 사람이 참석하지 않을까 두려웠기 때문이다. 그녀는 그 발표회를 통해 자신의 아이디어를 공유하고 사내에서의 입지를 강화하고 싶은 욕구가 있었다. 어떻게 해서든 많은 사람 앞에서 멋진 프레젠테이션을 선보이고 싶었다.

그래서 그녀는 발표 예고 영상을 만들었는데, 시선을 사로잡기 위해 넷플릭스 콘텐츠 예고 영상을 패러디했다. 넷플릭스에

접속할 때 들리는 '두둥' 하는 시그니처 사운드도 넣고, 발표 내용을 30초로 짜임새 있게 요약했다. 대학 시절 재미 삼아 했던 영상편집 취미가 도움이 되었다. 프레젠테이션 이틀 전, 사업부와 팀원들에게 이 예고 영상을 발송하자 반응은 폭발적이었다. 예상보다 많은 참석자가 몰려 발표회는 성황리에 끝이 났다. 불안한 마음을 이겨내고 새로운 방식을 활용하여 좋은 결과까지 이룬 것이다.

심리학자이자 작가인 다니엘 골만은 그의 베스트셀러《감정지능(Emotional Intelligence)》에서 불안이 창의력 창출에 도움이 될 수 있다고 설명한다.[14] 이처럼 불안은 또 하나의 세상을 보는 새로운 눈이 되어줄 수 있다. 불안의 목적과 임무를 이해했는가? 이제는 불안에 부여된 임무를 활용할 차례다. 불안이 주는 신호를 알아차리고 적정 수준의 불안을 허용하여, 불안을 통해 새로운 관점의 세상을 만나보자.

미래에 대한 불안으로 시작된
두 번째 인생

미래에 대한 불안감은 오히려 새로운 인생 준비를 위한 동기 부여(Motivation)가 될 수 있다. 내가 그랬다. 나는 15년 동안 평범한 직장인의 삶을 살았다. 남들 월급 받을 때 월급 받고, 남들 승진할 때 승진하며 당장은 부족하지 않은 삶을 살아왔다. 하지만 마음 한구석에는 늘 불안한 마음이 있었다. 미래에 대한 불안감이었다. 직장인의 삶을 평생 지속할 수 없다는 것을 알고 있었기 때문이다. 언젠가는 나도 지금 다니는 직장을 떠나야 할 것을 알고 있었다. 40대이든 50대이든 언젠가는 직장을 떠나야 하는 것이 직장인의 운명이다. 그렇다고 남들처럼 등 떠밀려 회사를 나간 후 치킨집, 피자집, 김밥집을 하고 싶지는 않았다. 이런 자영업이 나쁘다는 것이 아니라 내가 자영업에 흥미가 없었기 때문이었다.

대부분의 직장인은 회사 밖에서는 그저 평범한 사람이다. 특별한 지식이나 전문적 기술이 없는 이상 회사 밖에서 할 수 있는 일이 제한적이다. 물에서는 자유롭지만 물 밖에서는 아무것도 하지 못하는 물고기와 같다. 슬프지만 현실이다. 나는 이 점을 깨닫고 미래에도 내가 안정적으로 할 수 있는 일을 찾기 시작했다. 이왕이면 내가 안정적으로 할 수 있고, 잘할 수 있고, 흥미를 느낄 수 있는, 세 가지 조건을 만족시키는 것이어야 했다. 그렇게 찾은 분야가 '심리상담'이었다.

나는 회사에 다니면서 상담심리 대학원을 다니기 시작했다. 자격증을 따기 위해 몇 년간의 수련의 과정도 거쳤다. 회사에 다니면서 학업과 수련을 병행하는 것은 정말 힘든 일이었다. 그렇게 약 3년의 시간을 보내고 어느 정도 준비가 되었다고 생각했을 무렵, 과감히 회사를 그만두고 나왔다. 새로운 삶을 살아가고

있는 지금, 그전보다 삶에 대한 만족도가 올라갔다. 미래에 대한
불안감이 완화되었다.

여러분은 어떤가? 여러분도 지금 어떤 일을 하고 있을 것이
다. 취업을 준비하고 있을 수도 있고, 회사에 다니고 있을 수 있
다. 또는 프리랜서로 활동하고 있을 수도 있고, 부모님 일을 도
와드리고 있을 수도 있다. 만일 직장을 다니고 있는 평범한 직장
인이라면 나의 이러한 경험을 공감할 수 있을 것이다. 직장인의
삶을 살아가는 사람에게는 누구에게나 미래에 대한 불안감이 있
기 때문이다.

갈수록 늘어가는 수명도 진지하게 생각해봐야 할 문제다. 통
계청에 따르면 기대수명이 2021년 기준 83.6세다. 즉 2021년에
태어난 아기는 앞으로 83.6년을 살아갈 것으로 기대된다는 의
미다. 나와 여러분은 21년보다 훨씬 이전에 태어났기 때문에 기
대수명이 그에 못 미친다 할지라도 최소 80세까지는 산다고 가
정해볼 수 있다. 여러분이 60세까지 직장생활을 한다고 했을 때
앞으로도 최소 20년은 더 살아가야 한다. 그 20년 동안 무엇을

하며 살아갈 것인가? 그런 생각을 해본 적 있는가? 그런 생각을
하면 아찔해지지 않는가?

문제라는 것은 알고 있지만 딱히 어떻게 할 수 있는 방법이
떠오르지 않는다. 그럴수록 불안감만 더 커진다. 내가 이런 얘기
를 하는 이유는 여러분에게 미래에 대한 불안감을 조장하기 위
함이 아니다. 직장을 다니는 여러분의 마음을 충분히 공감하고
이해한다는 의미다. 그렇기에 미래에 대한 불안감을 미래에 대
한 희망으로 바꾸어야 한다는 얘기를 하고 싶은 것이다.

누구나 미래에 대한 불안이 있다. 지금까지는 그저 막연하게
불안감을 느껴오기만 했다면, 이제는 현실을 깨닫고 자신이 꿈
꾸는 미래를 좀 더 적극적으로 준비할 차례. 오해는 하지 말
라. 앞서 얘기했던 '현실에 집중해야 불안을 덜 느낄 수 있다'는
내용과 상충하는 것이 아니다. '현실에 집중하되 미래에도 할 수
있는 일을 지금부터 준비해 나가야 한다'는 의미다. 미래를 준비
하는 현실에 집중하면 불안을 낮출 수 있다는 의미다.

이러한 생각에 공감한다면, 여러분이 안정적으로 할 수 있는 일, 흥미를 느끼며 할 수 있는 일, 잘할 수 있다고 믿는 일을 미래에 할 수 있도록 지금부터 준비를 시작하자. 다시 한 번 정리하자면, 그런 일을 찾을 때는 다음의 세 가지 조건을 따져보자. '안정적인 일, 흥미 있는 일, 적성에 맞는 일'이다.

다양한 일과 직업이 있다. 이를 위해 먼저 직업심리검사를 해볼 것을 추천한다. 직업심리검사는 한국고용정보원에서 운영하는 워크넷(Worknet) 웹사이트에서 무료로 이용해볼 수 있다(직업선호도 검사 S형·L형, 성인용 직업검사를 추천한다).[15] 자신의 적성과 흥미에 따라 여러 가지 직업을 추천받을 수 있다. 그중에서 관심이 생기는 직업이 있다면 그 일을 하기 위해 구체적으로 준비해야 할 것들을 알아보자. 어떤 학력이나 자격증이 필요할 수도 있다. 창업이라면 쌓아야 할 경험, 자금 등이 필요할 수도 있다. 그렇게 필요한 것들을 회사에 다니며 준비를 시작해야 한다.

그리고 미래에 대한 막연한 불안감을 미래에 대한 희망으로, 적극적인 준비의 원동력으로 활용할 필요가 있다. 그렇게 두려움과 불안함을 조금씩 극복해 나갈 수 있다. 불안은 걱정의 시작이지만 희망은 해결책의 시작이다. '나도 미래에는 내가 하고 싶은 일, 잘할 수 있는 일을 전문적으로 할 수 있다'는 희망을 가지고 준비를 시작하자. 언젠가는 해야 할 고민을 좀 더 앞당겨서 하는 것뿐이다. 일찍 시작한 만큼 보상이 따를 것이다.

불안을 활용해
성공한 사람들

불안감을 활용하여 성공한 사례는 많이 있다. 그중 대표적인 인물은 아인슈타인이다. 그는 어린 시절부터 불안증을 앓았다. 학교에 잘 적응하지 못하였고, 사람들 앞에서 발표를 할 때마다 심한 공황증세를 느꼈다고 한다. 하지만 이러한 불안감은 아인슈타인이 물리학에 더 몰두할 수 있는 계기가 되었다. 그는 사람들과 활발한 접촉을 통해 불안감을 극복하는 대신 혼자서 할 수 있는 물리학 공부와 연구에 매진했다. 결국 상대성이론이라는 위대한 업적을 남겼다. 아인슈타인은 불안감을 단순히 부정적 감정으로만 받아들이지 않았다. 불안감을 동기 부여의 계기로 삼아 큰 성취를 이루었다. 불안감을 통해 자신의 한계를 극복하고, 더 높은 목표를 향해 도전할 수 있었다.

영국 전 총리 윈스턴 처칠은 그의 전기 《더 와일드니스 이어즈(The Wilderness Years)》에서 다음과 같은 말을 했다.

"나는 항상 불안한 사람이었습니다.
그러나 나는 불안감을
성공을 위한 동기로 활용하는 법을 배웠습니다."

그도 불안에 시달렸던 사람이었지만 그 불안을 성공을 향한 동기로 활용했다. 미국의 유명 작가인 스티븐 킹 역시 어린 시절부터 불안증을 앓았다. 그는 불안증을 극복하기 위해 글쓰기를 시작했고, 꾸준히 매진한 끝에 세계적 베스트셀러 작가 대열에 합류했다. 헐리우드 배우 톰 행크스는 어린 시절부터 무대 공포증을 앓았다. 그는 불안감을 극복하기 위해 연기에 몰두했고, 아카데미상을 수상하는 배우로 성장했다.

이러한 사례들은 불안감이 반드시 부정적인 감정만은 아니라는 것을 보여준다. 불안감은 이처럼 자신의 한계를 극복하고, 더 큰 성취를 이루기 위한 동기 부여가 될 수 있다. 불안감을 잘 활용한다면 자신의 성공에 도움이 될 수 있다.

영화 〈메멘토(Memento)〉, 〈인셉션(Inception)〉, 〈다크 나이트(The Dark Knight)〉, 〈인터스텔라(Interstellar)〉, 〈덩케르크(Dunkirk)〉, 〈오펜하이머(Oppenheimer)〉의 공통점을 알고 있는가? 이 영화들은 모두 한 명의 영화감독, 크리스토퍼 놀란의 작품이다. 그는 대중과 비평가 모두가 극찬하는 작품들을 만들며, 아카데미 7개 부문을 석권하는 등 세계적 감독으로서의 명성을 얻고 있다. 그런 그도 어릴 적부터 사회적 불안증과 패닉을 경험했다. 패닉은 갑작스럽게 시작되는 강한 두려움과 그에 따라 동반되는 발작적인 증세를 의미한다. 이러한 발작은 예기치 않은 상황에서 갑자기 시작되며, 높은 강도의 두려움, 불안 공포를 경험하게 만든다. 패닉을 경험하는 사람은 심장 박동이 빨라지거나 불규칙해질 수 있고, 호흡이 얕아지고 땀이 많이 나거나 손이 떨리기도 한다.

그는 이러한 불안감을 영화에 몰두함으로써 극복하고 표현했다. 불안을 느낄 때의 감정을 자신의 예술적 표현으로 끌어내 영화 작품에 담아내었다. 그의 작품 속에 등장하는 이야기와 캐릭터가 복잡하고 오묘한 특징을 갖는 이유다. 그가 어떻게 불안감을 극복하고 세계적인 영화감독으로 성장할 수 있었는지 그 방법을 정리해보았다. 그가 했던 노력으로부터 우리도 우리의 불안감을 활용할 수 있도록 힌트를 얻어보자.

첫 번째, 불안을 느끼는 순간, 그 불안을 잊게 해주는 활동을 찾아 전념하는 것이다. 그가 불안을 잊기 위해 선택했던 활동은 창작이었다. 영화 제작은 그의 열정이고 치유의 수단이었다. 자신의 감정과 경험을 작품으로 표현함으로써 불안을 해소하고자 했다. '나는 창작 활동을 하는 사람이 아닌데?' 하며 고개를 갸우뚱할 사람이 있을지 모르겠다. 반드시 창작 활동일 필요는 없다. 여러분이 지금 취업을 위해 준비하고 있는 일, 회사에서 하는 일, 창업을 위해 준비하는 일, 누군가의 마음을 얻기 위해 노력하는 일, 살을 빼기 위해 하는 운동 등 어떤 일이라도 전념할 수 있으면 된다.

불안감을 느낄수록 지금 하는 일에 더 전념하도록 노력해보자. 그렇게 불안을 낮출 수 있다. 그런 일이 없다면 그런 일을 찾아보자. 전념하고 몰두할 수 있는 일 말이다. 불안감은 전념하지 않기 때문에 생기는 감정일지도 모른다. 어떤 일에 전념할 수 있다면 불안감은 사그라들 수 있다. 그렇게 몰두하다 보면 불안은 감소하며 몰두하는 느낌만 남는다.

두 번째, 건강한 자기관리와 건강한 생활습관이다. 놀란 감독은 규칙적 운동, 건강한 식습관, 충분한 휴식과 수면을 통해 불안감을 극복했다. 이러한 자기관리는 그가 불안을 극복하고 예술적 업적을 이루는 데 도움이 되었다. 앞에서도 언급했고 뒤에서도 다시 얘기하겠지만 불안을 관리하기 위해서는 셀프 매니지먼트, 즉 자기관리가 중요하다. 자신의 몸과 생활습관을 제대로 관리하지 못하는 사람이 어찌 자신의 불안감을 다룰 수 있겠는가? 불안을 관리하고 싶다면 자신의 몸과 생활을 관리하는 것부터 시작해야 한다.

세 번째, 자아 인식과 자기 수용이다. 놀란 감독은 한 인터뷰에서 "나는 불안을 느끼는 순간, 이를 부정하지 않고 받아들이려 했다"고 말했다. 이처럼 불안을 느끼는 것 자체를 인정하고 받아들이는 것은 불안을 관리하는 데 필수적인 태도다. 자신의 한계와 약점을 이해하고 받아들일 수 있는 사람이 불안을 직시하고 낮춰 나갈 수 있다. 여러분도 지금 어떤 불안을 느끼고 있다면 '내가 지금 불안을 느끼고 있구나'를 받아들이자. 이렇게 생각하는 자세가 불안을 직시하고 관리할 수 있는 기본적 마음가짐이다.

두렵고 불안한 마음은
잘하고 있다는 시그널

앞서 '불안을 느낀다는 것은 그만큼 준비가 미흡한 것일 수도 있다'는 설명을 했다. 그런데 준비도 철저한데 불안을 느끼는 경우는 어떻게 이해해야 할까? 이렇게 무언가를 앞두고 불안한 마음이 있다면 잘하고 있다는 시그널일 수 있다. 예를 들어, 중요한 시험을 앞두고 두렵고 불안한 마음을 느낀다면, 이는 시험에 대한 관심과 준비 정도가 높다는 것을 의미한다. 많은 관심이 있기 때문에 그만큼 불안함도 느낄 수 있는 것이다. 마찬가지로 어떤 새로운 일을 앞두고 두렵고 불안한 마음이 든다면 그만큼 그 일을 잘 해내고 싶다는 뜻이다.

새로운 일을 잘 해내고 싶다는 마음으로 나름의 준비를 해왔을 것이고, 그만큼 뭔가 이루어지기를 소망하고 기대하면서 그렇게 되지 않을까봐 불안해하는 것이다. 시험을 보고 합격자 발표를 기다리는 마음, 면접시험을 앞두고 이를 준비하는 마음, 고백한 상대로부터 답이 오기까지 기다리는 마음, 계획했던 프로젝트가 일사천리로 진행되기를 바라는 마음, 이 모든 마음은 원하는 상태가 현실로 나타나기를 바라는 마음이다.

불안하지 않다면 그것은 원하는 상태가 없다는 뜻이다. 시험을 봤으나 합격을 하든 말든 상관없다면, '될 대로 되라'는 마음이라면, 절실함과 절박함이 없는 상태라면 무슨 일을 이루어낼 수 있겠는가? 그런 태도로 무엇을 해낼 수 있을까? 그런 의미에서 불안을 느낀다는 것은 그만큼 소중하고 절박하다는 마음이다. 그 소망이 현실이 될 수 있다.

윈스턴 처칠은 한 연설에서 다음과 같은 말을 했다.

"불안은 성공의 징조다.
아무것도 두려워하지 않는 사람은
아무것도 성취하지 못할 것이다."

처칠은 제2차 세계대전 당시 독일군의 침공으로 인해 항상 불안감에 시달렸지만, 이를 극복하고 연합국을 승리로 이끌 수 있었다. 그런 처칠의 말이 크게 와닿았다. 불안을 느끼는 나 자신도 이해되고 당당하게 느껴졌다. 그만큼 나는 잘 준비해온 것이고, 잘 해낼 것이라는 자신감이 생겼기 때문이다. 아무것도 두려워하지 않고, 아무것에도 불안을 느끼지 못하는 사람은 아무것도 이루어내지 못할 수 있다. 어느 정도의 불안은 성공으로 가기 위해 반드시 거쳐야 할 하나의 길이다. 어떤 길을 통하지 않고 목적지에 도달하기 어려운 것처럼 불안을 느끼지 않으면서 성공에 다다를 수는 없다.

나는 정말 잘하고 싶은 강연을 앞두고는 불안을 느낀다. '강연을 잘하고 싶다. 모든 사람이 내가 말할 때 나의 말에 귀 기울이게 되었으면 좋겠다. 그런데 내가 과연 잘할 수 있을까?' 생각하며 불안해진다. 그런 불안을 느끼며 강연 준비에 좀 더 몰두하려 애쓴다. 내용을 두 번, 세 번 읽어보며 더 완벽하게 숙지하려 애쓴다. 어떻게 하면 좀 더 자연스럽게 흐름을 이어갈 수 있을까도 고민한다. 자료를 좀 더 최신화하기도 한다. 그렇게 하며 조금씩 불안감을 줄여 나간다.

반면 그리 불안감을 느끼지 않는 강연도 있다. 잘해도 그만, 못해도 그만이라는 생각이 드는, 그만큼 부담감이 없는 강연이다. 그럴 때는 별로 불안하지 않다. 간절함, 절박함, 부담감이 없기 때문이다. 여러분도 마찬가지다. 어떤 발표, 시험, 만남, 도전을 앞두고 불안을 느낀다면 그건 그만큼 잘해보고 싶다는 방증이다. 그 불안감을 낮추기 위해 조금만 더 준비하자. 그 정도면 된다. 불안감을 느끼는 당신 자신을 너무 불안하게 여길 필요가 없다.

불안을 이해하면
나 자신이 보인다

불안을 이해하면 나 자신이 보인다는 말은 어떤 의미일까? 사람
은 누구나 불안을 느낀다. 하지만 그 불안을 느끼는 상황은 저마
다 다를 수 있다. 예를 들어, 어떤 사람은 자신의 연인이 다른 이
성과 연락하고 지낼 때 불안감을 느끼지 않지만 어떤 사람은 높
은 수준의 불안을 느낀다. 또 어떤 사람은 제시간에 버스가 오지
않을까봐 몹시 불안해하지만 또 어떤 사람은 '지하철을 타면 되
지', '좀 늦는다고 상대에게 양해를 구하면 되지, 뭐'라고 생각한
다. 이처럼 불안을 느끼는 상황, 종류, 수준은 사람에 따라 다르
다. 내가 어떤 상황에서 얼마나 불안을 느끼는지, 불안의 패턴을

통해 자신이 어떤 사람인지 파악해볼 수 있다. 불안을 느끼는 상황적 특성에 따른 성격적 차이에 대해 알아보자.

첫 번째, 낯선 상황이나 낯선 사람에 대해 불안을 잘 느끼는 사람에 대해 알아보자. 이런 사람은 평소 내향적이고 회피적 성향이 강한 사람일 수 있다. 새로운 것을 시도하는 것을 두려워하고, 혼자 있는 것을 선호하며, 사람들과 어울리는 상황을 특히 어려워할 수 있다. 어쩔 수 없이 다른 사람들과 함께 하는 회식, 모임, 술자리에서도 혼자 있는 것을 선호한다. 낯선 사람들과 대화하거나 새로운 환경에 적응하는 것에 두려움을 느끼기도 한다. 사회적 상황에서 스트레스를 잘 느끼기 때문에 가급적이면 이런 상황 자체를 피하려 한다. 그런 이유로 정말 가까운 친구나 가족과만 시간을 보내려 하며, 혼자 있는 시간을 선호할 수 있다.

혹시 여러분이 이런 유형에 해당하는가? 이런 유형의 사람에게는 사회적 상황에서 억지로 편안함을 느껴보라고 얘기하기는 어렵다. 이런 유형의 사람에게는 다른 사람과의 만남, 모임에 참석하는 것, 그 자체에 의미를 두라고 말해주고 싶다. 모임에 참석한다고 해서 반드시 그 모임에서 만난 모든 사람과 활발하게 교류해야 하는 것은 아니다. 그냥 구석에서 묵묵히 자리를 채우고 자기만의 시간을 보내는 것도 참석의 한 방법이 될 수 있다. 소수의 몇몇 사람과 가벼운 대화를 나누며 교류하는 정도를 목표로 삼자.

두 번째, 실수나 실패에 대한 불안을 잘 느끼는 사람에 대해 알아보자. 완벽주의나 의존적 성향이 강한 사람일수록 실수나 실패에 대해 예민하게 반응하며 두려움을 느낀다. 그래서 모든 일에 최선을 다하려고 노력하지만 완벽주의 성향으로 인해 일상에서 스스로 과도한 압박을 받는다. 실수나 실패에 대한 공포 때문에 지속적인 스트레스를 겪는다. 자신만의 높은 기준이 있어 학교생활, 직장생활, 가정생활, 취미생활 등에서 높은 수준을 유지하려 한다. 그것이 충족되지 않았을 때는 좌절감을 느낀다.

문제는 그러한 자신의 높은 기준을 타인에게도 은연중에 강요한다는 것이다. '나는 이런 어려운 상황 속에서도 굴하지 않고 문제를 해결했으니 너도 그렇게 해야 한다'라는 식이다. 혹시나 여러분 자신이 집, 학교, 직장, 모임 등에서 이러한 태도로 사람들을 대하고 있지는 않은지 생각해보면 좋겠다. 사람은 누구나 제각각이다. 당신이 할 수 있는 것이라고 해서 타인도 반드시 할 수 있다는 법은 없다. 자신의 기준으로 타인을 평가하지 말자. 타인이 할 수 있는 모든 것을 당신이 모두 할 수 있는 것도 아니지 않은가? 자신이 완벽을 추구한다고 해서 타인에게도 완벽을 강요하는 것은 가혹하다.

러시아의 대문호 레프 톨스토이는 다음과 같은 말을 했다.

"완벽을 추구하는 것은 좋지만
타인에게까지 완벽을 강요해서는 안 된다.
완벽은 존재하지 않으며,
완벽을 추구하는 것은 오히려 행복을 멀어지게 할 수 있다."

완벽함을 추구하는 태도는 자신의 선에서 끝내자. 적당한 수준의 만족이 자신과 타인을 행복하게 만든다.

세 번째, 타인이나 사회적 평가에 대해 불안을 잘 느끼는 사람에 대해 알아보자. 이러한 사람은 타인의 시선에 특히 민감하고, 수줍음이 많은 성향일 수 있다. 사람들 앞에서 발표하거나 말하는 것을 어려워하고, 타인의 평가에 일희일비한다. 특히 모임, 회식, 회의 등의 사회적 상황에서는 더욱 다른 사람들의 시선을 의식하며 불안을 느낀다. 대화를 나눌 때 상대방의 반응을 계속 주시하면서 자신이 긍정적인 평가를 받지 못하면 자존감이 쉽게 떨어진다. 여러분이 이런 성향의 소유자라면 어떻게 하면 좋을까?

앞서도 말했지만 타인의 시선을 그렇게 의식할 필요는 없다. 사람들은 당신의 말과 행동에 그리 크게 관심을 가지지 않는다. 왜냐하면 그는 그 시간에 자신에 대해 신경을 쓰기 때문이다. 지금 이 순간 당신이 자기 자신에 대해 신경 쓰는 것처럼 누군가는 지금 이 순간 자기 자신에 대해 신경 쓴다. 당신에 대해 신경 쓰고 있을 가능성은 제로에 가깝다. 당신의 말과 행동에 가장 신경을 쓰는 사람은 당신이다. 그러니 타인의 시선이나 평가에는 조금만 덜 신경 쓰자. 조금만 덜 민감해하자. 다른 사람이 당신을 어떻게 생각할지 걱정하며 불안해하는 습관은 이제 멈추자. 타인에 시선에 대해 덜 신경 쓸수록 더 행복해질 수 있다.

4장

오늘의 불안을
다스리는 감정 습관

걱정은 흔들의자와 같다.
계속 움직이지만 어디에도 가지 못한다.

- 월 로저스

내가 통제할 수 있는 것에만
집중하자

불안이 완전히 사라진 삶은 힘들더라도 노력과 연습으로 어느 정도 낮출 수 있다. 심리학자 피터 골딘 박사는 '마음챙김 명상 훈련(Mindfullness Based Stress Reduction)'이 감정 조절에 얼마나 큰 효과가 있는지 연구하였다. 연구결과에 따르면, 마음챙김 명상 훈련을 받은 그룹은 불안 수준이 감소하였으며, 이를 통해 삶의 질이 향상되었다고 보고했다.[16] 이는 감정 훈련을 통해 불안감을 통제할 수 있다는 것을 의미한다. 이처럼 어떤 상황에서 불안을 완전히 제거하거나 완전히 통제하는 것은 어렵지만, 불안의 강도를 일정 수준으로 줄일 수는 있다. 불안을 통제하는 방법 두

가지를 소개한다.

첫 번째, 걱정하거나 불안해하는 대상을 현실적으로 평가하는 것이다. 사실 우리가 느끼는 불안은 그 실체가 명확하지 않을 때가 많다. 입사 후 타 부서 사람들과 처음 하는 미팅을 앞두고 느끼는 불안감, 창업을 결심했을 때 앞으로 겪을 일들에 대한 막연한 불안감, 지금 만나고 있는 연인과 헤어지고 싶은데 막상 그렇게 하자니 느껴지는 불안감처럼 우리는 애매하고 불확실한 상황을 앞두고 불안해한다. 불안이라는 감정은 있지만 불안해하는 대상은 명확하지 않은 경우가 많다. 여러분이 지금 어떤 일을 앞두고 불안해하고 있다면, 그것이 정말 불안해할 만한 것인지 냉정하게 생각해보자.

예를 들어, 지금 만나는 연인과 헤어지고 싶은데 그러지 못하는가? 막상 헤어지면 어떻게 될지 몰라 불안해지는가? 실제로 그 사람과 헤어지면 어떤 일이 발생할 것 같은가? 그 사람과 헤어져도 큰일은 벌어지지 않는다. 당신이 지금 두려워하는 것은 그 사람과 헤어지는 것이 아니라 누군가와 헤어진다는 사실 그 자체일 수 있다. 헤어지면 한동안 생각나고 슬프고 힘들겠지만, 시간이 지나가면 또 잊힌다. 그렇게 또 살아가진다. 이처럼 당신이 불안해하는 대상이 무엇인지 정확히 구별해내자.

고대 그리스 철학자 에픽테토스는 다음과 같은 말을 했다.

"우리가 걱정하는 것의 대부분은
우리의 상상 속에서 만들어진 것이다."

맞는 말이다. 우리가 걱정하는 것은 대부분 우리의 상상 속에서 존재한다. 팀장 보고를 앞두고 혼날까봐 괜히 불안해했던 경험, 입대를 앞두고 마냥 무섭고 쓸쓸했던 경험, 좋아하는 사람에게 고백을 앞두고 거절당할까봐 두려웠던 경험은 누구에게나 있다. 하지만 어땠는가? 불안이 실제 현실로 나타났던가? 생각한 것만큼 힘들었는가? 그런 적도 있겠지만 그렇지 않았던 때도 많을 것이다. 불안은 그런 것이다. 불안은 당신이 만들어낸 머릿속의 이미지일 수 있다. 당신이 만들어낸 머릿속의 이미지로 미리 고통받을 필요가 있을까?

두 번째, 자신이 통제할 수 있는 것에 집중하는 것이다. 어떤 일을 앞두고 '어쩌지? 내가 잘할 수 있을까?' 하며 불안해할 시간에 자신이 통제할 수 있는 것을 통제해보는 것이다. '내가 할 수 있는 것은 무엇인가?'를 생각해보자. 그 불안감을 낮추기 위해 누구에게 도움을 요청하면 좋을지, 무슨 일을 하면 좋을지, 어디로 가면 좋을지, 무엇을 시작하면 좋을지 생각해보는 것이다. 불안감을 낮추는 데 효과적이다.

면접시험을 앞두고 불안을 느끼는 상황을 가정해보자. 당신은 '내 면접순서가 너무 앞쪽이나 끝이면 어떡하지?', '면접관이 나를 안 좋게 보면 어떡하지?', '나보다 실력이 좋은 경쟁자들이 많이 몰리면 어떡하지?'와 같은 생각이 들 수 있다. 이때 불안감이 더 커지는 이유는 당신이 통제할 수 없는 것들에만 초점을 맞추기 때문이다. 면접 순서는 당신이 정하는 것이 아니다. 면접관의 판단은 당신이 통제할 수 없다. 몇 명의 사람이 나와 경쟁하게 되는지도 당신이 정할 수 없다.

반면, 면접을 준비하고 노력하는 과정은 당신이 통제할 수 있다. 커뮤니티나 인터넷 면접 카페에서 정보나 기출 문제를 미리 살펴볼 수 있고, 그 분야의 선배나 관계자에게 연락을 취해 팁을 얻거나 모의 면접 연습을 해볼 수 있다. 면접 때 가장 괜찮은 복장을 미리 준비해볼 수 있고, 면접 당일 면접 장소에 늦지 않도록 도착할 수 있다. 면접 시 면접관과 자연스럽게 눈을 맞추며 당차고 자신감 있는 모습을 보여주는 것은 당신이 통제할 수 있다. 그렇게 할 수 있는 것에 집중하고 노력을 할 때 불안감을 줄일 수 있다. 불안감은 당신이 할 수 없는 것에 초점을 맞출 때 발생하는 감정이다. 이제부터는 당신이 할 수 있는 것에 초점을 맞추자. 그렇게 불안을 줄이고 좋은 결과를 얻을 수 있다.

행동은 불안을 이기는
가장 좋은 치료제

어떤 일을 앞두고 막연하게 불안해했지만 막상 해보니 '별것 아니네' 했던 경험은 누구나 있을 것이다. 새로운 일을 시작할 때는 누구나 막연한 불안감을 느낀다. '과연 내가 잘할 수 있을까, 혹시 실패하면 어쩌지? 사람들이 나를 안 좋게 보면 어떡하나? 실수하면 어쩌지?' 하는 생각부터 든다. 하지만 막상 시작해보면, 걱정했던 일이 현실로 나타나는 경우는 많지 않다는 것을 깨닫는다. 그런 과정을 반복함으로써 자신감을 얻을 수 있다. 사람들 앞에서 하는 발표도 마찬가지다. 많은 사람 앞에 서야 한다는 부담감 때문에 쉽게 불안해지지만 막상 발표를 시작하면 사람들의 시선이 나에게만 집중된 것이 아니라는 것을 알게 된다. 그렇게 발표를 마친 뒤에는 자신감이 높아진다.

자신의 능력을 믿는다면 불안은 작아진다. 우리의 능력은 우리가 생각하는 것 이상이다. 그러한 스스로의 능력을 믿지 못하기 때문에 불안을 느끼는 것이다. 실제로 자신의 능력이 100인데 스스로 그 능력이 60이라고 믿는다면 실제로 60을 넘어서는 실력이 나올 수 없다. 60에 맞춘 행동과 노력을 하기 때문이다. 실제 실력은 60이지만 100이라고 믿고 시도할 때 80의 성과를 기대할 수 있다. 이처럼 자신과 자신의 능력을 믿는 마음가짐이 중요하다. 마음가짐이 실제로 결과를 변화시킬 수 있다.

나 역시 마찬가지다. 심리상담사의 길을 가기 위해 15년의 회사생활을 접기로 결심했을 때 두려웠다. 앞으로 펼쳐질 두 번째 인생이 막막하고 불안했다. 어떻게 해야 잘 살아갈 수 있을지, 내가 꿈꾸는 대로 살아갈 수 있을지 막막했다. 하지만 막상 시작해보니 생각했던 것만큼 힘들지는 않았다. 물론 처음 하는 일이라 막막하고 서툴기도 했지만, 시작 전에 두려워했던 것만큼은 아니었다. 괴로운 일이 생겨도 이겨내지 못할 정도는 아니었다. 그렇게 시작하고 나니 불안했던 마음은 조금씩 사라지기 시작했다. 내가 할 수 있는 일들을 하나씩 해 나가면서 자신감을 얻었다. 물론 아직도 갈 길이 멀다. 이루고 싶고, 하고 싶은 것들도 많다. 이제는 예전만큼 불안하지는 않다. 막연한 불안감은 막상 시작하면 느끼지 않을 수 있다.

여러분들도 나와 같은 경험이 있을 것이다. 새로운 일을 앞두고 불안을 느끼는 것은 자연스러운 일이다. 하지만 실체 없는 불안감으로 인해 아무것도 시작하지 못한다면 그만큼 억울하고 답답한 일이 또 어디 있겠는가? 막연한 불안은 일단 해보는 시도로 극복할 수 있다. 일단 한번 들이대 보는 자세로 해결할 수 있다.

지금, 이 순간에도 새롭게 시작해보고 싶지만 주저하는 일이 있을 것이다. 새로운 회사로의 이직, 새로운 사업, 새로운 알바 도전, 누군가와의 헤어짐, 새로운 사람과의 만남 등 새로운 시도를 앞두고 고민하고 불안을 느끼는 상황에 있을 수 있다. 충분히 이해한다. 과거에는 어땠는지 떠올려보자. 새로운 일을 앞두고 두려워하고 불안해했지만 막상 해보니 어땠는가? 두려워했던 만큼의 일이었는가? 아니었던 경험도 많을 것이다. 그런 경험에 초점을 맞추어보자. 그렇게 우리는 걱정했지만 잘해냈던 경험을 떠올릴 필요가 있다. 그런 식으로 막연한 불안감을 극복할 수 있기 때문이다. '일단 한번 해보지 뭐. 죽기 아니면 까무러치기다'라는 생각으로 이겨내자.

19세기 미국의 정치가였던 에드워드 에버렛은 다음과 같은 말을 했다.

"행동은 불안을 없애는 가장 좋은 치료제이다."

어떤 불안을 느끼고 있다면 일단 행동해보자. 막연한 불안감을 딛고 일단 시작해보자. 한번 해보면 '해볼 만한 일이었다'는 것을 알게 될 것이다.

불안감은 없애는 것이 아니라
함께 살아가며 낮추는 것

책의 이 부분을 쓰고 있는 지금, 나는 불안하다. 내가 쏟아내는 생각들이 과연 정당한 것인지, 얼마나 많은 독자가 과연 공감해 줄 수 있을 것인지, 이 글이 불안을 낮추는 데 얼마나 도움을 줄 수 있을 것인지 불안하다. 아들 녀석이 최근 준비하고 있는 자율중학교 입학에 성공할 수 있을 것인지, 이미 계약 종료 시점을 넘긴 세입자에게 보증금을 언제 돌려줄 수 있을 것인지 불안하다. 원하지 않는 전화가 걸려올까봐 불안하며, 약속 장소에 갈 때 늦지 않게 도착할 수 있을지 불안하다. 불안의 끝이 보이지 않는다. 역시나 삶은 불안의 연속이다. 불안하지 않은 삶과 시간은 없다. 그럼 정말로 불안을 아예 떨쳐버릴 수는 없는 것일까? 불안을 완전히 제거할 수는 없는 걸까?

독일 철학자 프리드리히 니체는 '영원회귀(The Eternal Recurrence of the Same)' 사상을 통해 "세상의 모든 사건은 일련의 순환을 통해 동일한 순서로 영원히 반복된다"고 주장했다. 그는 시간과 역사가 순환적 과정에 있다고 보았다. 그의 철학 속에서, 우주는 무한히 반복되며, 모든 사건과 순간은 끝없이 반복된다. 이 개념에 따르면 불안과 같은 감정도 영원히 반복될 수 있다. 그러므로 우리는 불안에서 완전히 자유로울 수 없다. 불안을 느끼지 않으며 살아갈 수 있는 순간은 없다. 혹시나 여러분이 불안을 없애기 위해 과도한 노력이나 집착을 하고 있다면 말리고 싶은 내 마음을 이해해주길 바란다.

일이 잘되면 일이 잘되는 대로 불안하고, 일이 안 풀리면 일이 안 풀리는 대로 불안하다. 그토록 바랐던 진급에 성공하면 또 다른 불안이 기다리고 있고, 진급 누락의 고배를 마시게 되면 좌절과 불안이 함께 온다. 불안은 이처럼 일의 결과에 상관없이 항상 찾아오는 감정이다. 불안감을 완벽히 제거하려고 하는 대신 불안감이 느껴질 때 이를 어떻게 다룰 수 있는지 고민하는 것이 나은 이유다.

불안감을 완전히 떨쳐버리기엔 우리는 불안과 너무나 오랜 시간을 함께해왔다. 심리학자 데이비드 버스의 '진화 심리학(Evolutionary Psychology)' 이론에 따르면, 불안은 인간의 생존과 안전을 위한 반응으로서 기능하며 발전했다.[17] 오래전부터 우리 인류는 폭풍, 지진, 해일, 화산, 태양, 홍수, 동물, 날씨 등 자연환경으로부터 수많은 위험에 노출되어 왔다. 불안은 이러한 위험을 감지하고 대응하는 데 도움을 주었다. 그런 만큼 불안은 현생 인류가 처음 출현했던 20-30만 년 전부터 우리 내부에 깊숙이 자리 잡아온 감정의 터줏대감이다. 그런 감정을 어느 날 갑자기 떨쳐버리고 살아간다는 것은 있을 수 없는 일이다. 불안을 모조리 제거하는 방법을 아는 것보다 불안과 어떻게 잘 살아갈 수 있는지, 어떻게 긍정적 에너지로 활용할 수 있는지를 아는 것이 중요한 이유다.

심리학자 롤로 메이는 다음과 같은 말을 했다.

"두려움 없는 삶은 존재하지 않으며,
불안 없는 삶은 제대로 작동하지 않는다."

그 역시 두려움의 불안의 필수성과 유용함에 대해 강조했다. 불안은 우리가 그것과 어떻게 함께 살아갈지를 고민해야 하는 대상이지, 어떻게 없앨 수 있을까를 고민해야 하는 대상이 아니다. 지금 당신이 무언가로 불안해하고 있다면 불안을 어떻게 다스릴지 방법을 찾아낼 좋은 기회다. 이번에 찾아온 불안은 또 어떻게 어르고 달래어 그 활동 수준을 낮출 수 있을지 고민해보자. 그 불안이라는 녀석은 어차피 완전히 떠나갈 놈이 아니기 때문이다.

자주 불안을 느끼는 상황에 대해 미리 알자

불안을 느낄 때 '내가 지금 왜 불안하지?' 하며 가만히 생각해보면 그 이유를 알 수 있다. 나는 왜 지금 이런 상황에서 불안을 느끼지?' 하며 무의식적으로 자신이 느끼는 불안감의 이유를 의식적으로 따져보는 것이다. 그렇게 곰곰이 따져보면 자신이 느끼는 불안감이 어디서 온 것인지 알 수 있다.

대기업에 재직 중인 20대 여성 C씨는 회사에서 실시하는 교육 일정을 앞두고 불안해했다. 그녀는 왠지 그 교육에 가기 싫어했다. 2박 3일 동안 사람들과 함께 지내는 시간이 불편하게 느껴졌기 때문이다. 함께 수업을 듣고, 함께 조모임을 하고, 함께 숙식하는 과정이 불안하게 느껴졌다. 나는 그녀가 왜 불안을 느끼는지 곰곰이 생각해보도록 했다. 그녀는 왜 그런 교육을 앞두고 불안해했을까?

그녀는 이런 모습을 상상했다고 한다. 사람들이 모두 모여있는 모습, 그중에는 서로 알고 있는 사람도 있어서 삼삼오오 모여 앉아 즐겁게 대화를 나누는데 그녀는 그 대화에 계속 끼지 못한다. 그녀가 불안해했던 상황은 사람들이 즐겁게 이야기를 나누고 어울리는데 자신은 소외되는 상황이었다. 그도 그럴 것이 그녀는 그 회사에 이직한 지 얼마 되지 않은 상황이었고 아는 사람도 적었다. 그러므로 그렇게 사람들이 한꺼번에 모이는 상황에서는 자신이 쉽게 어울리지 못할 것이라는 불안감이 있었다. 다른 사람들은 잘 어울리는데 자신만 그러지 못하는 상황이 두려웠던 것이다.

나 역시 학창 시절에 이런 비슷한 경험이 있다. 나는 특히 점심시간이 두려웠다. 저마다 함께 밥을 먹고, 함께 놀고 뛰어다니는 시간 동안 난 무엇을 해야 할지 몰랐다. 따돌림을 당한 것까지는 아니었지만 그리 활발하게 지내지는 못했던 것 같다. 그때부터 무리 속에서 어찌할 바를 몰라 하게 되는 상황에 대한 두려움이 생겨났다. 성인이 된 지금도 많은 사람이 한꺼번에 모이는 상황이 꺼려지는 이유다. 예를 들어, 회사 운동회, 야유회, 결혼식 등 사람들을 한꺼번에 만나는 상황에서 어찌할 바를 몰라 하는 나 자신이 나는 두렵다.

이런 두려움이 일종의 강박관념처럼 되었다. 내가 알고 있을 만한 사람들과 함께 있는 상황에 있을 때 모든 사람과 아는 척을 하지 못할까봐 나는 불안하다. 내가 분명 아는 사람인데 못 본 척 지나가기가 불편하다. 그렇다고 내가 아는 모든 사람과 의사소통을 할 수는 없다. 그래서 그런 모임 자체를 회피하게 됐는데, 내가 사람들이 많이 모이는 곳에 가는 일을 불안해하는 이유를 깨닫고 이런 강박관념을 깨려고 노력 중이다.

'내가 모든 상황에서 모든 사람과 활발히 교류해야 하는 것은 아니다. 나는 조용히 혼자 있어도, 몇몇 사람들과만 아는 척을 해도 상관없다. 그렇다고 누가 뭐라 할 사람은 없다. 혹시라도 내가 아는 사람과 대화 한마디 못 나누었다고 해서 너무 불편해하지는 말자.'

몸은 하나인데 많은 사람이 모여 있는 곳에서 어떻게 모두에게 아는 척을 할 수 있단 말인가? 그런 것을 이해해주지 못하는 사람이 있다면 그것은 그의 문제이지, 나의 문제가 아니다. 마찬가지로 여러분도 불안을 느낄 때는 왜 그런 불안감을 느끼는지 생각해보자.

40대 중반의 K씨는 최근에 이런 고민을 하고 있었다.

'요즘 머리가 자주 아프고 숨쉬기가 불편한데 무슨 병이 생긴 걸까? 그렇다고 병원에 가는 것은 왠지 모르게 불안하다. 나는 몸이 불편한데도 왜 병원에 가는 것이 불편할까?'

상담을 통해 그가 불안해하는 이유를 생각해보게끔 했다. 그가 찾은 답은 이것이었다.

'병원에 갔을 때 정말로 내게 병이 있다는 진단을 받을까봐 무섭고 불안한 것이다. 몸이 불편하더라도 병원에 가지 않으면 병이 아니라는 희망이 있지만 병원에 가는 순간, 그 희망이 좌절될 수도 있는 결과가 바로 나오기 때문이다. 그래서 나는 병원에 가는 것을 불안해하고 있었던 것이다.'

불안감 때문이었다. 그렇다고 해서 병원에 가는 것을 계속 미루고 두려워한다면 병을 키울 수 있다. 물론 불안할 수 있다. 하지만 지금 병원에 가서 정확한 진단을 받는 것이 낫다. 병이 없으면 다행인 것이고, 병이 있으면 당장 치료를 시작할 수 있으니 말이다. 불안할 때는 마냥 불안해하지 말고, 그 이유를 명확히 찾아내고 직면하자. 그렇게 함으로써 우리는 불안감을 낮추고 문제를 해결할 수 있다.

희망 회로 돌리기가
불안을 줄일 수 있다

어떤 일을 앞두고 실패할 것 같고 안 좋은 생각만 들 때가 있다. 어떻게 해도 안될 것 같은 느낌은 두려움, 공포심, 불안감, 좌절감을 느끼게 한다. 그럼에도 불구하고 그런 상황에서 긍정적인 생각, 좋은 생각, 희망적 생각을 하려는 시도가 과연 도움이 될까? 모든 것이 암울해 보이는 상황에서 무조건적으로 희망 회로를 돌리는 일이 과연 불안감을 낮추는 데 효과가 있을까?

미국 노스 캘리포니아대학교 심리학과 바바라 프레딕슨 교수는 명상을 통해 긍정적 감정을 느껴보는 것이 불안감 감소에 어떤 영향을 주는지에 관한 연구를 수행했다. 실험 참가자들은 명상을 통해 행복함, 감사함, 기쁨을 느끼도록 지시되었다. 긍정적 감정을 가지게 된 참가자들은 실제로 불안 수준을 덜 느꼈던 것으로 나타났다.[18] 여기서 중요한 것은 명상을 해야 한다는 것이 아니라 긍정적 감정을 통해 불안감을 낮출 수 있다는 점이다. 슬프고 암울한 상황에서도 긍정적 감정을 느껴보는 것이 중요하다. 이를 위해 명상 이외의 방법도 있다. 그중 하나는 '좋았던 일 기억하기'다.

나는 하루에 한 번 그날 좋았던 일 한 가지를 되짚어보는 시간을 갖는다. 보통 잠들기 전에 한다. 예를 들어, 잘할 수 있을지 걱정했던 강의를 무사히 마칠 수 있었던 일, 오랜만에 반가운 사람에게서 연락이 왔던 일, 강아지가 아파 보여서 병원에 갔는데 다행히 별 이상이 없다는 진단을 받은 일, 딸아이가 운동회에서 반대표로 달리기에 나간 일, 평소에는 조금 무서운 사춘기 아들과 잠시나마 즐거운 대화를 나누었던 일, 아내가 보낸 카톡 메시지를 보고 기분 좋았던 일 등이다. 이런 일들은 모두 사소하다. 사소한 만큼 누구에게나 있는 일이다. 하루를 살며 단 한 번도 이런 순간이 없을 수는 없다. 기억하지 못할 뿐이다. 불안하거나 우울할 땐 긍정적 생각을 해보자.

'원금과 이자가 도저히 감당이 안 돼 집을 팔려고 내놓았다. 집이 제때 안 팔릴 수도 있을 것 같아 불안하다. 그래도 어쩌겠나. 일단은 집이 곧 팔릴 거라고 생각을 해보자. 좋은 쪽으로 생각을 해보자.'

'이번 시험을 통과하지 못하면 다음 1년을 기다려야 한다. 그 1년 동안 소요되는 시간과 돈을 더 감당할 수가 없다. 일단 최선을 다하면 좋은 결과가 있을 것이라 믿고 최선을 다해보자. 지금 내가 할 수 있는 건 최선을 다해보고 좋은 쪽으로만 생각하는 것이다.'

이렇게 불안한 상태에서 일의 좋은 방향, 긍정적 방향으로 희망 회로를 돌려보자. 실제로 좋은 일이 일어날지 아닐지는 모르지만 일단 긍정적으로 생각해보자. 무조건 긍정적인 상상을 하면 우리의 뇌는 그쪽으로 반응하게 되어 있다. 뇌도 마찬가지로 희망 회로를 돌리면서 불안감이 감소하는 원리다. 불안감이 감소한 만큼 상황을 합리적으로 판단하고 현실적 노력을 기울일 수 있다.

긍정적 상상을 하면 스트레스와 불안을 담당하는 뇌의 편도체(Amygdala) 활동이 감소한다. 긍정적인 상상을 하면 편도체가 활성화되는 것을 방지하여 불안감을 감소시키는 것으로 알려져 있다.[19] 어떤 일을 앞두고 불안할 때는 일단 긍정적 상상을 하자. 좋은 생각만 하고 좋은 결과가 있으리라 생각하자. 긍정적 상상은 구체적일수록 좋다.

예를 들어, '시험 결과가 좋을 것이다'라고 생각하는 것보다는 '시험장에서 받아 든 문제 대부분이 공부한 문제라 들뜬 모습, 자신 있게 문제를 푸는 모습, 기분 좋게 뿌듯해하며 시험장을 나오는 모습, 결국 시험에 합격하여 지인들에게 기쁜 소식을 알리는 모습' 등을 상상하는 것이다. 회사에서 중요한 발표를 해야 하는 상황에서 불안감이 들 때 '나는 잘해낼 것이다'라고 생각하는 것보다 '발표를 할 때 청중 한 사람 한 사람과 편안하게 눈을 마주치는 모습, 생각했던 것 이상으로 능숙하게 발표를 이끌어가는 모습, 모두가 고개를 끄덕이며 자신을 따뜻하게 바라봐주는 모습, 발표가 끝나고 모두가 큰 박수를 쳐주는 모습, 자신이 청중에게 감사의 인사를 하며 발표를 성공적으로 끝내는 모습, 발표가 끝나고 팀장님과 동료들로부터 칭찬을 받는 모습, 그날 퇴근 후 집에서 기분 좋게 맥주 한 캔을 마시는 모습'을 상상해보는 것이다.

즐거운 상상이 구체적일수록 불안감을 낮출 수 있다. 뇌는 상상과 현실을 잘 구분하지 못한다. 여러분이 좋은 방향으로 구체적인 상상을 할수록, 기분 좋은 희망 회로를 잘 돌릴수록 당신의 뇌는 즐겁게 반응하며 편도체의 활동은 감소한다. 어떤 일을 앞두고 불안하다면 최대한 긍정적 상상을 하자.

"불안을 삶의 본질적인 부분이라고 여겨라.
희망은 불안을 극복할 수 있는 강력한 힘이 될 수 있다."

19세기 덴마크 철학자 키에르케고르의 말처럼 희망적 생각은 불안을 이기는 희망이 될 수 있다. 강한 희망과 최선의 노력은 상상을 현실로 만들어준다.

불안을 낮추는
나만의 의식을 만들자

나는 책을 쓰기 전 '이 한 꼭지를 잘 쓸 수 있을까? 한 꼭지 분량을 뽑을 수 있을까? 좋은 내용을 쓸 수 있을까?' 하며 불안해한다. 이런 불안감을 들 때 나는 블루투스 스피커로 내가 좋아하는 2000년대 초반 유행 음악을 튼다. 이 음악을 들으며 키보드에 손가락을 올려놓으면 불안감이 조금은 줄어든다. 글쓰기를 앞두고 느끼는 불안감을 줄이는 나만의 의식이다. 여러분도 어떤 불안감을 느낄 때 불안감을 낮추기 위한 자신만의 의식이 있으면 좋겠다. 이러한 의식은 우리의 생각과 감정을 조절하고 몸과 마음을 이완시키는 데 도움이 된다.

불안감을 낮추는 데 도움이 되는 자신만의 의식을 만들 때 정답은 없다. 자신이 좋아하는 음악을 듣거나 자신이 좋아하는 향(香)을 맡아도 좋다. 자신이 가장 좋아하는 장소에 가봐도 좋고 그러기 힘든 상황이라면 그곳에 가는 상상만으로도 도움이 된다. 내가 어린 시절 가장 좋아했던 장소는 우리 집 다락방이었다. 그 좁고 은밀한(?) 공간에 있으면 세상과 나만 남은 것 같은 기분이라 편안했다.

지금은 갈 수 없는 곳이니 상상으로 간다. 어떤 일을 앞두고 불안하거나, 이미 벌어진 어떤 일 때문에 불안을 느낄 때 눈을 감고 그곳에 가 있는 상상을 한다. 다락방에 있는 조그마한 창으로 세상을 내려다본다. 우리 집은 높은 위치에 있었기 때문에 창문 밖 세상은 확 트여 있었다. 넓은 하늘과 많은 집을 볼 수 있었다. 지금도 상상으로 그때처럼 다락방의 창밖으로 세상을 내려다보곤 한다. 그러고나면 불안감이 잠시 사라진다. 그렇게 다시 일을 시작할 수 있다. 막상 시작하면 불안감이 생겨날 기회가 줄어든다. 이미 시작했기 때문에 시작하기 전 느꼈던 불안감이 들어설 자리가 좁아졌기 때문이다. 그때부터는 '할 만하네'라는 생각이 들며 만족감, 자신감이 불안감을 대체한다. 편안해지는 나만의 의식으로 그렇게 일을 시작하고 끝낼 수 있다.

자신만의 의식은 간단해도 상관없다. 여러분이 신입사원이라고 가정해보자. 회사란 곳을 다닌 지 얼마 되지 않는 상황이다. 매일 아침 하루하루가 불안하다. '오늘은 또 어떤 일을 하게 될까? 오늘은 또 얼마나 정신이 없을까? 오늘은 또 어떤 일로 혼나게 될까? 오늘은 좀 잘할 수 있을까?' 하는 불안과 걱정이 가득하다. 이럴 땐 따뜻한 물로 샤워를 하며 '오늘은 어제보다 조금이라도 더 나아질 것이다', '오늘 힘든 일이 있을 수도 있겠지만 그래도 난 잘해낼 것이다'와 같은 주문을 소리 내어 말해보는 것이다. 그런 의식을 반복하다 보면 '그래도 해보자'라는 의지가 생겨난다.

내가 추천하고 싶은 또 다른 불안 달래기 방법은 '허브'다. 나는 자주 허브를 활용한다. 허브 차, 허브 오일, 허브 향은 긴장과 불안을 낮추는 데 큰 도움이 된다. 허브를 활용한 나만의 불안 낮추기 의식을 만든 셈이다. 불안을 달래는 데 도움이 되는 허브를 몇 가지 소개해보자면 다음과 같다.

먼저, 라벤더는 심리적 안정감을 주는 효과가 있다고 이미 많이 알려져 있다. 라벤더 향은 스트레스를 감소시키고 긴장을 풀어준다. 수면의 질을 향상시키고 불면증 증상을 완화할 수 있는 것으로도 알려져 있다. 숙면을 취하고 싶다면, 라벤더 오일을 디퓨저에 사용하거나 베개에 뿌려놓으면 마음이 편안해져서 숙면을 돕는다. 눈뜨면 아침이다.

캐모마일은 주로 차나 오일 형태로 이용된다. 소화를 돕고, 안정적 수면을 유도하며, 생각을 줄이고 편안함을 가져다주는 효과로 유명하다. 캐모마일 차를 마시거나 캐모마일 오일을 디퓨저에 사용하면 심리적 안정감을 느낄 수 있다. 책상에 앉아 노트북을 두드리고 있는 지금도 나는 캐모마일 차를 마시고 있다. 마음이 편안하다.

로즈 향은 여유로움과 평온함을 상징한다. 로즈 오일이나 로즈 워터를 사용하면 마음을 진정시키고 긴장을 풀어주는 효과가 있다. 정서적 치유를 촉진하는 기능으로도 유명하다. 로즈 오일을 피부에 조금 발라 마사지하면 피부도 부드러워지고 마음도 편안해진다. 로즈 차는 불안감을 완화하고 스트레스를 줄이는 데 도움을 줄 수 있다.

어떤 의식을 하는 것이 중요한 것이 아니라 어떤 의식이라도 자신의 불안감을 낮추는 데 도움이 되면 된다. 그렇다고 이러한 의식을 통해 불안을 완전히 없애려는 강박을 갖지는 말자. 그보다는 불안감을 줄이고, 일상생활에 지장을 주지 않도록 하는 것을 목표로 하자.

5장

불안을 이겨내면
삶이 풍성해진다

가장 믿을 만한 지혜는
상황을 신중하게 살피고, 끝까지 자제심을 발휘하며,
정해진 목표를 향해 천천히 나아가는 것이다.

- 루키우스 안나이우스 세네카

불안이 따라오지 못하도록
몸을 움직이자

자신만의 의식을 개발하고 아무리 좋은 생각을 해봐도 불안감이 사라지지 않을 땐 어떻게 하면 좋을까? 그럴 땐 자리에서 일어나 몸을 움직이자. 억지로라도 몸을 움직이면 불안한 생각을 잠시라도 없앨 수 있다. 뭔가 떠올리기 싫은 생각이 들 때 무의식적으로 머리를 양쪽으로 도리도리 흔들게 되는 것도 이런 이유이다. 생각을 조절하기 위한 몸의 자동적이고 본능적인 행동이다. 몸을 움직이는 것이 불안감을 낮추는 데 도움이 되는 이유는 무엇일까?

첫 번째, 우리의 뇌가 주의(Attention)을 집중하는 데 한계가 있기 때문이다. 우리 뇌는 정보를 인지하고 처리하는 능력에 한계가 있다. 그러므로 어떤 작업에 집중하는 만큼 다른 작업에 주의를 덜 기울일 수밖에 없다. 이를 주의집중 할당의 원리(Principle of Attentional Allocation)라고 한다. 몸을 움직이는 것은 주의력을 필요로 하는 작업 중 하나다. 운동 중에는 몸의 움직임과 운동 자체에 집중하게 된다. 몸을 움직이면 우리의 뇌는 그 활동에 대한 정보를 처리하고 반응하느라 바쁘기 때문에 동시에 불안한 생각을 가지기 어렵다.

두 번째, 스트레스와 불안을 줄이는 방향으로 뇌의 신경전달물질이 분비되기 때문이다. 운동을 통해 느끼는 쾌락과 즐거움은 불안과 같은 부정적 감정을 감소시키는 데 도움을 줄 수 있다. 운동을 통해 엔도르핀(Endorphin) 같은 물질의 분비가 증가할 수 있다. 엔도르핀은 행복과 기쁨을 느끼게 하는 호르몬으로, 몸을 움직이면 기분이 좋아지고 불안이 줄어드는 것도 이 때문이다. 몸을 움직이면 코르티솔(Cortisol) 수치는 감소한다. 코르티솔은 스트레스 호르몬으로, 불안을 유발하는 주범(主犯) 중의 하나다. 몸을 움직이면 혈중 코르티솔 수치가 감소하여 불안이 줄어들 수 있다.

세 번째, 운동을 통한 근육의 이완과 에너지 소모 때문이다. 몸을 움직이는 활동은 근육을 사용하고 늘리는 과정을 포함한다. 이런 움직임은 근육을 이완시키고 긴장을 푸는 데 도움을 준다. 근육의 긴장이 완화되면 신체적 편안함을 느끼고, 불안감이 줄어든다. 몸을 움직이는 것은 에너지를 소모하는 일이기도 하다. 적당한 운동을 통해 에너지를 소모하면 기분 좋은 피곤함을 느낄 수 있다. 기분 좋은 피곤함은 불안감 감소, 정신적 이완, 숙면으로 이어진다.

나는 중요한 강연이나 발표를 앞두고 있을 때, 어떤 일에 대해 자꾸 좋지 않은 생각이 들 때, 내가 원하는 결과가 나오지 않을 것 같아 불안할 때, 내가 보낸 카톡에 상대방이 묵묵부답일 때 생각을 접고 몸을 움직인다. 불안감을 낮추기 위해서다. 자리에서 일어나 걷거나 밖으로 나가 산책을 한다. 그렇게 몸을 움직이면 불안한 생각에서 멀어져서 상황을 좀 더 객관적으로 바라볼 수 있다.

'내가 이렇게까지 강연 준비를 열심히 했는데 이 이상 더 열심히 할 수는 없다. 이제는 연습한 것을 연습한 대로 잘하기만 하면 된다. 잘 될 것이다. 너무 불안해하지 말자.'

'이번에 새롭게 시작한 프로젝트가 엉망으로 끝나면 어떡하지? 그래도 지금껏 별문제 없었던 것처럼 이번 일도 별문제 없을 것이다.'

'왜 내가 보낸 카톡에 답이 없지? 나를 무시하는 건가? 이거 제때 처리되지 않으면 골치 아픈데. 뭔가 사정이 있겠지. 좀 더 기다려 보고 그래도 응답이 없으면 전화를 해보지, 뭐.'

내가 느끼는 불안감으로부터 떨어져서 상황을 볼 수 있다면, 합리적 판단과 현실적 해결책을 찾을 수 있다. 문제 해결에 대한 자신감을 갖게 된다. 이처럼 몸을 먼저 움직이는 것은 불안감을 떨쳐낼 수 있는 적극적 시도다. 지금 여러분은 어떤 불안감을 느끼고 있는가? 그 불안감이 잘 떨어지지 않는가? 그렇다면 몸을 한번 움직여보자. 몸을 움직인 만큼 불안감을 몸에서 잘 떼어낼 수 있다. 고대 그리스 철학자 플라톤은 다음과 같은 말을 했다.

"운동은 의욕을 불러일으키고
불안을 걷어낼 수 있는 최고의 치료제이다."

불안을 걷어낼 수 있는 최고의 치료제를 쓰자. 지금 바로 자리에서 일어나 몸을 움직이자.

MBTI 유형에 따른
불안 대응법

일상에서 MBTI로 자기소개를 하는 것은 이미 익숙하다. 예전에는 혈액형에 따른 성격유형으로 자신을 표현하던 방식이 MBTI로 변경되었다. MBTI가 성격의 명함이 된 것 같은 느낌이다. 여기서는 MBTI 유형에 따라 불안을 느끼는 특성과 대응 방법을 알아보자.

1. 외향성-내향성

외향형(E):

타인과 교류하는 것을 즐기고, 새로운 경험을 추구하는 편이다. 혼자 있거나 변화가 없는 답보 상황에서 불안을 느낀다. 똑같이 반복되는 일상이나 혼자만 있을 때 자신이 뭔가 뒤처지는 것 같고, 자신의 존재 의미가 옅어지는 듯한 불안감을 느낀다. 혼자 시간을 보내는 상황에서 '참을 수 없는 존재의 가벼움'을 느낄 수 있다.

이러한 외향형이 불안을 덜 느끼기 위해서는 혼자서도 잘 지내는 연습이 필요하다. 혼자서 생각하고, 독서하고, 산책하는 가운데에서 편안함을 느껴보는 연습을 하자. 자신의 존재감을 반드시 타인과의 상호작용을 통해서만 찾아야 하는 것은 아니다. 혼자서도 자신의 가치와 활력을 찾을 수 있다.

내향형(I):

혼자 있는 것을 좋아하고, 안정된 환경을 선호하는 편이다. 외부 자극에 쉽게 지치고, 혼자 있는 시간이 부족하면 불안감을 느낀다. 자신의 감정이나 생각을 분명히 표현하는 데 어려움을 느끼는 경우도 많다. 내향형의 불안을 감소시키기 위해서는 혼자 있는 시간을 충분히 갖는 것이 중요하다. 편안하게 휴식을 취하며 자신의 생각과 감정을 충분히 정리하는 시간을 가져보자. 타인과 관계를 맺는 데 부담을 느끼지도 말자. 적절한 범위에서 타인과 소통하는 방법을 배우고, 자신을 표현하는 연습을 해보자.

2. 감각형-직관형

감각형(S):

현실에 대한 인식하는 방법이 구체적이고 현실적이기 때문에 현실에서 일어날 수 있는 부정적 사건에 대해 불안을 느끼는 경향이 있다. 변화에 대한 적응력이 떨어지기 때문에 실직, 질병, 사고 등 새로운 환경이나 상황에 대해 큰 불안을 느낀다. 현실에 대한 대응력을 키우기 위해 다양한 경험을 해보는 것이 중요하다. 새로운 취미를 시작하거나, 새로운 여행지를 방문하는 등 새로운 활동을 통해 현실 세계에 대한 경험과 이해를 넓히자. 변화에 대한 적응력을 높이기 위해 유연성을 기르자. 새로운 상황에 대한 두려움을 극복하고, 열린 마음으로 변화를 받아들이는 노력이 필요하다.

직관형(N):

현실을 인식하는 방법이 추상적이고 미래 지향적이기 때문에 현실에서 일어나지 않은 일들에 대해 불안을 느끼는 경향이 있다. 미래에 대한 불확실성, 자신이 통제할 수 없는 상황 등을 특히 두려워하고, 확정되지 않은 일에 대해 미리 좋지 않은 결과를 상상해서 불안해한다. 예를 들어, 회사에서 불편한 사람과 함께 하는 상황을 떠올리며 불안해한다든지 아직 업무 지시를 받지 않은 일에 대해서도 '과연 내가 잘 해낼 수 있을까?' 하며 미리 불안해하는 유형이다. 이런 유형은 미리 걱정하고 불안해하지 않는 습관 형성이 중요하다. 발생하지 않은 일은 발생하지 않을 수도 있는 일이다. 일상의 불안은 사소한 상상으로부터 오는 경우가 많다는 점을 알아두자.

3. 사고형-감정형

사고형(T):

논리적이고 객관적인 것을 중시한다. 자신의 판단이 맞는지에 대해 불안을 느끼는 경향이 있다. 예를 들어, 실수에 대한 불안, 타인의 비판에 대한 불안, 자신의 능력에 대해 불안을 느낀다. '내가 실수하면 사람들이 나를 어떻게 평가할까?', '내가 과연 이 일을 해낼 수 있을까?', '내가 이 일을 해낼 만한 자격을 갖추고 있을까?' 하며 불안해한다. 자신의 감정을 표현하는 것을 어려워하며 우울, 불안, 불면증 등을 더 쉽게 경험할 수 있다. 이러한 유형은 불안감을 낮추기 위해 자신의 감정을 인정하고 표현하는 연습이 중요하다. '실수를 통해 배우고 성장할 수 있다'고 믿는 마음가짐이 필요하다. 타인의 시선을 너무 의식하지 말자. 타인의 평가는 참고 대상일 뿐 절대적 평가가 아니다.

감정형(F):

감정적이고 공감 능력이 뛰어난 이 유형은 타인의 판단보다는 감정에 민감해한다. 타인의 기대에 부응하지 못할 것이라는 두려움이 있는 경우가 많다. 타인과의 갈등이나 소외를 두려워하는 경향이 있고, 대인관계를 지나치게 중요시하여 자신의 감정을 조절하는 데 어려움을 겪는다. 거절에 대한 불안, 타인의 기대에 부응하지 못할까 하는 불안, 혼자가 될까봐 느끼는 불안이 있다. '내가 이렇게 하자고 하면 상대방이 거절하지는 않을까?', '내가 이렇게 말하면 그가 나를 싫어하지는 않을까?', '내가 이렇게 말하면 상대방이 기분 나빠하지는 않을까?' 하며 불안해하는 것이다. 이런 유형은 자신의 감정을 적절하게 표현하는 것이 중요하다. 타인의 기대에 부응하기보다는 자신의 행복을 묵묵히 추구하는 선택이 불안감 감소에 도움이 된다.

4. 판단형-인식형

판단형(J):

계획적이고 체계적인 성향으로, 모든 일을 정해놓은 순서에 맞게 진행하는 것을 선호한다. 따라서 계획에 차질이 생기거나 예상치 못한 일이 발생하면 불안감을 느낄 수 있다. 특히 완벽주의 성향이 강할 경우에는 자신이 원하는 대로 일이 진행되지 않을 때 더 큰 불안감을 느낀다. 불안을 감소시키기 위해서는 '계획은 얼마든지 수정될 수 있다'고 생각하는 것이 중요하다. 모든 일을 계획대로 진행하는 것은 불가능하다는 것을 인정하자. 완벽한 계획을 세우는 것이 중요한 것이 아니라 상황에 따라 계획을 적절히 변경해 나갈 수 있는 유연함이 중요하다. 또한, 자신의 완벽하지 않은 모습도 받아들이도록 노력하고, 완벽을 추구하기보다는 최선을 다하는 데 집중해야 한다.

인식형(P):

유연하고 개방적 성향으로, 새로운 상황에 잘 적응한다. 반면 계획 세우는 것을 어려워하거나 확실히 결정하는 것을 불안해할 수 있다. 이러한 유형이 불안을 감소시키기 위해서는 결정을 내리는 것을 연습해야 한다. 작은 일부터 결정을 내리는 연습을 하며 자신감을 키우는 것이 중요하다.

예를 들어, 블루투스 스피커를 하나 산다고 가정해보자. 쿠팡에서 새것으로 살지 당근마켓에서 중고로 살지, 쿠팡에서 새것으로 산다면 유명 브랜드 제품을 살지 유명하지는 않지만 평이 좋은 상품을 살지, 가격은 어느 정도 선으로 할지, A/S 범위는 어디까지로 할지 등을 하나하나 결정해보는 것이다. 그 과정이 험난할 수도 있지만 스스로 고민하고 계획적으로 결정해 나가는 과정을 경험함으로써 불안감에 대한 내성을 키울 수 있다. 스스로 계획을 세우고 체크리스트를 만들어서 진행하면 미래에 대한 불확실성이 줄어든다. 계획을 실행해 나가면서 불안감을 줄여 나가는 연습을 하자.

잘하고 있는지 모르겠다면
주위 사람을 통해 확인하자

어떤 일을 준비하거나 진행하는 중간에 이런 생각이 들 때가 있다.

'내가 이 일을 나름 열심히는 하고 있는데 과연 잘하고 있는 걸까?'

30대 직장인 C씨는 올해 사내 발령이 나서 새로운 부서에서 새로운 시작을 하게 되었다. 처음에는 새로운 동료들을 사귀는 것이 즐거운 경험이 될 것이라고 기대했지만, 잘 모르는 사람들과 어울리기가 생각보다 쉽지 않았다. 그는 사람들과 대화를 나눌 때마다 자신의 말투, 표정, 대화 주제 선택에 대해 자꾸 곱씹어보게 되고 실수하지는 않았는지 불안했다. '내가 이 사람들과 잘 어울리고 있는 것일까?'라는 의문이 들기 시작했다.

대화 중에도 자신의 말 자체가 어색하게 느껴지고, 상대방에게 자신이 이상하게 비춰질까봐 걱정되어 자신이 평소에 하던 대화의 패턴을 놓쳤다. 이러한 불안은 부서 회식, 모임, 점심 식사 등과 같은 활동을 피하게 만들었고, 그는 외로움과 고립감을 느끼기 시작했다. 그는 실제로 새로운 부서에서 적응하지 못하고 있었던 것일까? 새로운 업무를 제대로 수행하지 못하고, 새로운 사람들과 잘 어울리지 못했던 것일까?

어느 날 그는 이런 괴로움을 한 동료에게 용기 내 털어놓았다. 자신은 당연히 적응을 못하고 있다는 생각에서 한 이야기였는데 듣고 있던 동료는 놀란 반응이었다. 부서에서는 C씨가 동료들과 잘 지내고, 새로 받은 업무도 생각보다 빠르게 잘 해내고 있다고 평가하고 있었기 때문이었다. 물론 완벽하다고는 할 수 없지만 자신이 생각한 것보다 좋은 평가를 듣자 C씨는 자신감을 얻을 수 있었다. 불안감이 자신감으로 바뀌는 순간이었다. '주변 사람들에게 내가 잘하고 있는지 진작 물어볼걸!' 하는 생각이 들었다.

이처럼 실제로는 잘 해내고 있지만 스스로를 평가할 때는 제대로 된 평가를 하지 못할 수 있다. 때로는 주위 사람에게 그런 마음을 털어놓고 자신이 잘하고 있는 것인지, 부족한 점이 있다면 무엇인지 의견을 들어보는 것도 중요한 이유다. 좋은 피드백을 받는 것이 중요한 것이 아니라 그런 피드백을 받는 것 자체가 중요하다. 피드백 없이는 불안할 수 있다.

내가 글을 쓸 때도 마찬가지다. 어떤 주제로 글을 쓸 때 '이 글이 과연 잘 쓴 글이라고 할 수 있을까? 얼마나 많은 사람이 공감할 수 있을까? 돈을 내며 볼 만한 글일까?' 하는 불안감을 지울 수 없다. 어느 정도 글을 쓰고 나면 주위 사람에게 한번 보여주는 이유다. 좋은 평가를 받을 때도 있고 아닐 때도 있다. 하지만 그렇게 평가를 받아보는 것만으로도 불안감이 줄어든다. '내가 괜찮게 글을 쓰고 있구나. 이 사례는 바꿔야겠구나' 하며 나름의 생각을 정리한다. 물어보지 않고 혼자만 끙끙댈 때보다 불안감이 줄어든다.

여러분도 마찬가지다. 새로운 일을 준비할 때, 중요한 일을 하고 있을 때 '내가 과연 지금 잘하는 것일까?' 하는 생각이 들어 불안하다면, 혼자서 그 불안을 키우지 말고 주변 사람의 이야기를 들어보자. 자신이 잘하고 있는 것 같은지, 어떤 점이 부족한지, 그 점은 어떻게 보완하면 좋겠는지 확인해볼 기회를 만들자. 새로운 학교에서 새로운 사람들과 잘 지내고 있는 것인지 불안하면 친구에게 물어보자. 회사에서 중요한 프로젝트를 하고 있다면 팀장님께 그 불안한 마음을 털어놓고 솔직한 피드백을 얻어보자. 그렇게 불안한 마음을 털어놓는 것 자체가 상대에게 긍정적 시그널이 될 수도 있다. 그런 불안한 마음을 들은 친구나 팀장님은 이런 생각을 할 것이다.

'아, 이 친구가 새로운 환경에서 새로운 사람들과 잘 지내보려 나름대로 노력하고 있구나.'

'○○씨가 자신이 맡은 프로젝트를 잘 해내기 위해 많이 고민하고 있구나.'

당신이 잘하려고 애쓰는 마음을 알게 될 것이다. 그만큼 당신에게 도움이 될 만한 피드백을 주고 당신을 더 많이 도와주려 할 것이다. 그것이 사람이 보통 가지는 마음, 즉 인지상정(人之常情)이기 때문이다.

미국의 작가 마크 트웨인은 다음과 같은 말을 남겼다.

"당신이 무엇을 하는지 잘 모르겠으면 누군가에게 물어보라.
당신이 그것을 잘하고 있는지,
아니면 그냥 멍청이인지 알게 될 것이다."

자신이 어떤 사람인지 물어보는 것이 아니라 자신이 잘하고 있는 것인지 물어보는 것이다. 부담을 가질 필요가 없다. 그렇게 불안감을 낮출 수 있다.

막연한 불안은
구체적인 계획으로 잠재울 수 있다

예측할 수 없는 상황에서는 누구나 두려움과 불안감을 느낀다.
여행을 앞두고, 퇴직을 앞두고, 손님을 맞이할 상황을 앞두고 구
체적 계획이 없다면 불안할 수밖에 없다. 불확실하기 때문이다.
완벽하지는 않더라도 일단을 계획을 짜야 하는 이유다. 어떤 일
을 앞두고 아무런 계획이 없는 것은 돛을 떼어낸 배를 타고 바다
로 나가는 것과 같다. 돛이 없는데 어떻게 배를 조정하여 원하는
목적지에 도달할 수 있겠는가? 계획은 그런 의미에서 중요하다.

당신은 모든 일이 반드시 계획대로 진행되어야 마음이 편한

사람인가? 그렇다면 그런 부담감은 버리자. 우리의 목표는 절대 변동 없는 완벽한 계획을 세우는 것이 아니라 일단 계획을 세우고 상황에 따라 유연하게 대처하는 데 있기 때문이다. 상황에 따라 유연하고 적절히 바뀌는 계획이 완벽한 계획이다.

계획은 수정할 필요가 있다면 얼마든지 수정되어야 한다. 계획을 세운 후 '계획대로 되지 않으면 어쩌지? 변수가 생기면 어쩌지?'와 같은 걱정은 묻어두자. 그런 걱정은 불안만 부추긴다. '지금 이렇게 계획을 세웠지만 나중에는 상황에 따라 얼마든지 변할 수 있어'라고 생각하는 사람이 불안을 줄이고, 미래를 자신 있게 준비할 수 있다.

유대인 속담에 이런 말이 있다.

"인간은 계획을 세우고 신은 이를 비웃는다."

우리가 세운 계획이 계획대로 되지 않는 것이 어쩌면 당연할지도 모른다는 생각이 든다. 그럼에도 계획을 세움으로써 우리는 마음의 불안감을 덜 수 있다. 아무런 계획도 없이 미래를 맞이한다면 우리는 불안감으로 터져버릴지도 모른다. 우리에게 계획이 필요한 이유다.

20대 초반 A씨는 남미로 생애 첫 해외여행을 떠났다. 그 여행은 혼자서 가는 첫 여행이기도 했는데, 군대 전역 후 용기를 내어 첫 도전을 해보고 싶다는 마음에서 계획한 것이었다. 하지만 출국 날이 다가올수록 막막하고 불안했다. 혼자 여행하면 외롭고, 무서울 것이라는 생각이 들었다. A씨가 이를 해결하기 위해 떠올린 방법은 최대한 구체적으로 계획을 세우는 것이었다. 날짜별로 여행지, 이동 수단, 식당, 구경 장소 등을 짜면서 '남미에서 혼자 여행하는 법'도 조사했다. 관련 유튜브, 블로그, 인터넷 자료, 게시판, 관련 서적 등을 모조리 뒤져봤다. 혼자 여행에 필요한 안전 수칙도 숙지했다. 이렇게 최대한 상세히 계획을 세우자 혼자 가는 첫 해외여행에 대한 불안감을 많이 줄일 수 있었다고 한다. 계획이 없는 것보다는 있는 것이, 일반적 계획보다는 구체적 계획이 불안감을 줄이는 데 유리하다.

뉴욕대학교 심리학과 피터 골비처 교수는 구체적 계획이 불안감 감소에 미치는 영향에 대해 연구했다. 실험에서 목표를 달성하기 위해 일반적 의지만을 표명하는 그룹과 구체적인 계획을 세우는 그룹으로 참가자들을 나누고, 구체적 계획 그룹에게 자신들의 목표를 달성하기 위해 언제, 어떻게, 어디서 행동할 것인지 자세한 계획을 짜도록 했다. 연구결과에 따르면, 구체적 계획을 세운 참가자들은 목표를 달성할 수 있다는 자신감이 상승하였고 이로 인해 불안이 감소하는 모습을 보였다. 실제 목표 달성 수준도 구체적인 계획을 세운 그룹이 일반적 목표만을 표명한 그룹에 비해 월등했다.[20] 곧 닥쳐올 상황에 대한 막연한 불안감은 구체적 계획을 통해 낮출 수 있는 것이다.

직면을 통한
불안 다루기

불안한 상태에서는 그 원인이나 대상을 직면하기 두렵다. 예를 들어, 이번 달 카드값, 대출금 이자, 인터넷 비용 등이 빠져나갈 때쯤 왠지 모르게 통장 잔고가 부족할 것처럼 불안할 때가 있다. 통장 잔고를 확인하기도 겁난다. 모자랄까봐 그렇다. 그런 상황을 마주하면 뾰족한 해결책이 없기 때문에 직면하기 겁나는 것이다.

40대 남성 J씨는 최근 아내의 하소연을 모른 척 넘기는 일이 자주 생겼다. 하소연은 주로 아내가 운영하는 학원 때문이었는데, J씨는 그 문제를 해결해줄 자신이 없어서 애써 모른 척했다. 아내가 푸념하고 한숨을 쉬는 모습을 자주 보는 것도 짜증이 났다. '자기가 학원을 제대로 운영하지 못하는 건데 나보고 어쩌란 말인가? 한숨 쉬는 모습 보는 것도 지겹다' 하는 마음이 들었다. 물론 그도 아내의 학원 재정상태가 걱정되고 잘 해결되었으면 했다. 하지만 그것에 대해 언급하지 않았다. 말을 꺼내는 순간, 아내의 암담한 재정상태가 그에게 현실로 다가올 것 같기 때문이었다. '말만 저렇게 하는 것이겠지, 알아서 잘하겠지' 하며 자신을 합리화하며 그 순간들을 피했다. 불안한 상황에 대한 직면이 두려웠던 것이다.

결과는 참혹했다. J씨의 아내는 1억 원이 넘는 빚을 졌고, 그 사실을 알게 된 J씨는 아내에게 분노했다. 그리고 그 분노는 곧 자책으로 이어졌다. '내가 왜 그때 모른 척을 했을까? 아내가 힘들다고 할 때 내가 좀 더 관심을 가지고 아내의 얘기를 들어주고 함께 해결할 방법을 찾았다면 어땠을까? 내가 그 상황을 마주했다면 어땠을까?' 하는 후회가 밀려왔다.

살아가며 누구나 마주하기 두려운 순간과 현실이 있다. 하지만 무섭고 불안해도 그것을 이겨내고 현실을 마주하는 용기가 필요하다. 그렇지 않으면 일이 더 악화되어 더 해결하기 어려워질 수 있다. '호미로 막을 것을 가래로 막는다'는 말도 있지 않은가? 호미와 가래는 모두 농사를 지을 때 쓰는 도구다. 호미는 한 사람이 앉아서 쓸 수 있을 만큼 작다. 가래는 세 사람이 서서 써야 할 만큼 크다. 즉 적은 노력으로 막을 수 있었던 일을 제때 신경 쓰지 않아서, 그 결과로 나중에 일이 더 커져서 더 많은 노력을 쏟아붓게 된다는 말이다.

불안한 순간이 그렇다. 불안하고 걱정돼서 현실을 마주하지 않고 피하기만 한다면 당장은 괜찮을 수 있다. 하지만 나중에는 더 큰 대가를 치러야 할 수 있다. 무언가 두렵고 불안하여 자꾸 피하기만 하는 상황이 있다면 용기를 내자. 직면해야 한다. 직면하는 그 순간은 두렵고 불안할 수 있지만 그것이 최선이다. 적극적으로 개입하지 않아도 저절로 상황이 나아지는 경우도 있지만 그렇지 않은 경우도 있다. 우리는 모든 경우를 대비해야 한다.

몸의 이상을 느낄 때도 마찬가지다. 몸의 이상을 감지하였을 때 약국에 가서 약을 사 먹거나 병원에 가서 진료를 받아야 한다. 혹시라도 몸에 큰 이상이 생긴 것일까봐, 치료나 수술이 필요하다고 할까봐, 입원하라고 할까봐 겁이 나서 아무런 조치도 취하지 않는다면 병을 더 키울 수 있다. 몸에 이상이 느껴지면 바로 적극적 조치를 하여 그 상황을 직면해야 하듯, 여러분도 뭔가 직면하기 두렵고 불안한 상황이 있다면 용기를 내보자.

미국의 유명한 목사이자 강연가였던 로버트 슐러는 다음과 같은 말을 했다.

"불안은 두려움의 그림자일 뿐이다.
두려움을 직면하면 불안은 사라진다."

여러분이 지금 느끼는 두려움은 무엇인가? 그 두려움에 직면할 수 있다면 불안감을 낮출 수 있다. 직면하기 두려운 상황이 있다면 상황을 받아들이자. 피해갈 수 없다. 두려움과 불안의 원인을 파악하고, 그 원인을 극복할 수 있는 방법을 생각해보자.

자신을 믿고 용기를 내자. 자신을 믿고 상황을 직면하려는 노력이 필요하다. 문제를 한꺼번에 해결할 필요도 없다. 단계적으로 접근하자. 가능하다면 다른 사람의 도움도 받자. 혼자서 해결하려 하지 말자. 주위 사람들은 생각보다 더 큰 도움을 줄 수 있다. 당신이 생각하는 도움이 전부가 아닐 수 있다. 혼자서는 많은 일을 할 수 없다. 그들은 당신에게 용기를 불어넣어 주고 미처 몰랐던 방법을 제공해줄 수 있다.

불안을 줄여주는
마법의 음식을 먹자

불안감을 완화하는 성분이 들어 있는 음식을 꾸준히 섭취하면 불안감을 다루는 데 도움이 된다. 이러한 음식을 소개한다.

첫 번째는 고등어, 연어, 참치다. 이탈리아 카타니아대학교 심리학과 지우세페 그로쏘 박사의 연구에 따르면, 오메가-3 지방산은 뇌 신경전달물질의 균형을 유지하고 뇌세포의 염증을 감소시키며 불안을 완화할 수 있는 것으로 나타났다. 오메가-3 지방산이 충분히 공급되면 불안과 스트레스에 대한 대응 능력을 향상시키는 데 도움이 될 수 있다는 것이다.[21]

오메가-3 지방산이 많이 들어가 있는 음식이 고등어, 연어, 참치다. 고등어, 연어, 참치는 우리가 마음만 먹으면 쉽게 먹을 수 있다. 요즘 불안을 많이 느끼는 것 같다면 오늘 밤 고등어 조림을 해 먹어보는 건 어떨까? 연어 초밥이나 참치 한 캔이 몽땅 들어간 김치찌개도 좋을 것 같다. 맛있는 음식을 즐기며 불안도 낮출 수 있다면 이보다 괜찮은 불안 감소 방법이 있을까?

중요한 시험을 앞두고 불안해 보이는 연인이 있다면 오늘 저녁 시간에 맞추어 연어 초밥을 배달시켜 주는 것은 어떨까? 연어 초밥을 고른 이유에 대해서는 다음과 같이 카톡을 보내 설명해 주는 것이다.

"요즘 시험을 앞두고 많이 불안해하는 것 같아서 연어 초밥을 시켜봤어. 책에서 봤는데 연어에는 스트레스와 불안감 완화에 효과적인 오메가-3 지방산이 많이 들어있다네. 이거 먹고 힘내서 시험 잘 보면 좋겠어. 열심히 한 만큼 좋은 결과 있을 거야. 파이팅!"

아마도 상대는 연어에 있는 오메가3 지방산으로 인한 불안감 감소보다 당신의 진심 어린 응원으로 인한 불안감 감소가 더 크게 느껴질 것이다. 둘의 사랑이 더욱 깊어지는 것은 보너스이다.

한 직장인 커뮤니티에 올라왔던 글 중에는 이런 음식들의 도움을 받아 실제로 불안을 낮췄다는 사례도 있다. 30대 여성 A씨는 불안 증상으로 인해 일상생활의 어려움을 겪고 있었고, 약물 치료를 받기도 했다. 그러던 중 식습관을 통해 불안감을 낮출 수 있다는 정보를 접하고 참치와 호두를 꾸준히 섭취하기 시작했다. 그 결과, 불안 증상이 점차 감소하여 약물치료를 중단할 수 있었다고 한다. 뒤에서 소개하겠지만 호두와 같은 견과류도 불안감 감소에 효과가 있는 것으로 알려져 있다.

두 번째는 호두, 아몬드와 같은 견과류이다. 견과류에는 다양한 영양소가 풍부하게 함유되어 있어 뇌 기능을 활성화하고 스트레스를 완화하는 데 도움을 준다. 특히 견과류에 들어 있는 마그네슘은 스트레스 호르몬인 코르티솔(Cortisol) 감소에 도움을 준다. 불안하고 스트레스를 받는 것 같다면 오늘 밤 호두나

아몬드를 곁들여 시원한 맥주를 한잔하는 것도 좋을 것이다.

세 번째는 바나나이다. 바나나에는 트립토판(Tryptophan)이라는 성분이 들어 있다. 이 트립토판은 뇌에서 세로토닌(Serotonin)의 분비를 촉진하는데, 세로토닌은 행복감과 심리적 안정감을 증가시키는 데 도움을 주는 뇌 신경전달물질로 알려져 있다. 세로토닌이 부족하면 불안, 우울, 신경 쇠약과 관련된 증상을 겪을 수 있다. 학교나 직장에서 불안감을 느낄 때를 대비하여 바나나 하나를 가방 속에 넣어가는 것은 어떨까? 중요한 발표나 시험을 앞두고 바나나 하나를 먹으며 이렇게 생각해보자.

'이제 트립토판을 섭취하였으니 뇌 속에서 세로토닌 분비가 활성화될 거야. 이제 불안이 좀 가시겠구나.'

당신의 불안감이 실제로 가라앉을 것을 믿는다.

성(性)적인 상황에서
불안감을 느끼는 사람들

불안감은 성적인 측면에도 부정적 영향을 끼칠 수 있다. 첫 번째로 성적 흥분을 방해할 수 있다. 불안감을 느끼면 몸은 스트레스 호르몬을 분비하게 돼 있다. 스트레스 호르몬은 성적 흥분을 억제한다. 불안을 느끼는 상태에서는 성적인 활동에 대한 흥미와 욕구도 줄어들 수밖에 없다. 이성에 대한 관심도 줄어들 수밖에 없다.

심리학자 다비데 데토레는 불안장애가 성 기능에 미치는 영향에 대해 연구하면서, 불안 증상이 없는 여성 100명(_{평균 연령}

28.8세)과 불안 증상이 있는 여성 30명(평균 연령 30.2세) 두 그룹으로 나누어 실험을 진행했다. 참여자들은 자신이 느끼는 불안의 수준, 성 기능, 성적 억제·흥분 정도에 관한 자기 보고를 했는데, 불안 증상이 있는 여성은 불안 증상이 없는 여성에 비해 성적 흥분 및 오르가즘 수준이 낮게 나타났고, 성적 억제도는 높게 나타났다.[22] 쉽게 말해 불안감을 높은 수준으로 느끼는 여성은 그렇지 않은 여성에 비해 더 낮은 성적인 흥분과 절정을 느끼고, 성적인 억제력이 자연스럽게 올라가는 것으로 이해할 수 있다.

두 번째, 자신감의 감소와 관계에서의 위축감이 발생한다. 불안감이 높으면 성적인 활동에 대한 자신감이 줄어들며 이는 연인 사이에서 심리적 위축감을 느끼게 하는 원인이 된다. 불안감이 높은 사람은 성관계 중에 남성의 경우 발기부전, 조루, 여성의 경우 질 건조증 등의 문제를 경험할 수 있다.[23] 성관계 중에 자신이 실수를 하거나 상대방을 만족시키지 못할 수도 있다는 불안감 때문이다.

20대 남성 B씨는 최근 성관계를 할 때마다 발기가 되지 않거나, 발기된 상태를 유지하지 못하는 경우가 많아졌다고 했다. 이러한 증상으로 인해 성관계에 대한 자신감이 떨어졌고, 불안감이 더욱 커졌다. 이처럼 불안감은 성관계에서의 자신감뿐만 아니라 연인 관계 자체에서의 자신감 하락으로 이어졌다.

미국 브리검 영 대학교 심리학과의 나다니엘 램버트 교수가 대학생을 대상으로 실시한 연구에 따르면 낮은 성적 자신감을 가지고 있는 사람은 데이트 관계에 있어 실제로 불안정한 심리를 느끼고, 만족도가 떨어지는 것으로 나타났다.[24]

이처럼 불안감으로 인한 성적인 문제들을 어떻게 해결할 수 있을까? 가장 중요한 것은 성적 파트너, 배우자, 연인과 자신의 불안감에 대해 솔직하게 터놓고 이야기해야 한다는 것이다. 상대가 당신의 불안감을 이해하고 배려해준다면 당신은 부담과 두려움을 줄일 수 있다. 성적인 문제는 이처럼 심리적인 부분에서 기인하는 경우가 많기 때문이다.

'내가 상대를 만족시켜 줄 수 있을까?', '상대방이 나에게 실망하면 어쩌지?', '그래서 내가 아닌 다른 사람을 원하게 되면 어쩌지?'라는 불안감은 누구에게나 들 수 있다. 파트너와의 솔직한 대화가 필요한 이유다. 그러한 상황에서 왜 자신이 불안함을 느끼는지, 상대는 어떤 상황에서 성적인 만족감이 극대화되는지, 자신이 원하는 것은 무엇이고, 상대가 원하는 것은 무엇인지 좀 더 솔직하고 자세하게 얘기를 나누어보자. 그런 얘기를 나누는 것 자체가 상대와 더 가까워졌다는 느낌이 들며 자신감을 회복하는 데 도움을 받을 수 있을 것이다. 또한 성관계에 대한 두려움을 극복하기 위해 파트너와 함께 다양한 성적 경험을 해보는 것도 좋다. 다양한 자세, 다양한 복장, 다양한 상황 등이 성적 상황을 부담이 아닌 호기심과 즐거움의 대상으로 만들어줄 수 있다.

잘 기다릴 줄 알아야
덜 불안하다

초등학교 6학년 아들이 어제 자율중학교 면접시험을 보고 왔다. 69명을 뽑는데 지원자가 1,500명이 넘었다. 그야말로 무시무시한 경쟁률이다. 아들은 과연 최종 합격할 수 있을까? 내일모레가 최종 합격자 발표다. 열심히 준비한 만큼 좋은 결과가 있으면 좋겠지만 솔직히 아빠 입장에선 많이 불안하다.

  '과연 붙을 수 있을까? 떨어지면 어떡할까? 예비합격자로도 붙을 수 있을까?'

아내도 걱정되고 불안한 마음에 관련 인터넷 카페에 들어가서 게시판의 글들을 확인했다. '우리 애는 면접에서 어떤 질문을 받았어요', '면접관이 마지막 조에 가서는 성의 없게 면접을 진행했던데요', '자기소개서에 있는 내용을 꼭 모두에게 물어보지는 않더라고요', '떨어뜨릴 애들한테는 처음부터 자기소개서 내용을 물어보지도 않은 것 같아요' 하는 온갖 추측의 글이 난무했다. 결국 아내는 새벽까지 잠들지 못하고 그 게시판 글들을 다 읽었다. 얼마나 불안하고 초조했을까? 뭐라도 하고 싶은 마음에 그렇게 했을 것이다.

누구나 이런 비슷한 경험이 있을 것이다. 중요한 시험의 결과 발표를 기다릴 때, 몸에 이상이 있어 병원에 가서 큰맘먹고 MRI 촬영을 하고 결과를 기다릴 때, 좋아하는 사람에게 고백을 하고 '잠시만 생각할 시간을 좀 달라'는 대답을 들었을 때, 그날 밤 불안해서 잠이 오지 않고 초조해질 수밖에 없다.

이런 상황에서 누군가는 너무 불안한 나머지 관련 정보에 과도하게 집착한다. 아들 면접시험의 결과를 기다리며 아내는 그

다음 날에도 인터넷 카페 게시판의 글들을 하나하나 읽어보고, 관계기관에 전화 문의를 하고, 모든 정보들을 뒤적여봤다. 마음은 당연히 이해가 간다. 하지만 그런 행동이 불안감을 낮추는 데 도움이 될까? 그렇지 않다. 불안이 감소하는 것이 아니라 증가한다. 왜 그럴까? 자신이 믿고 싶은 정보에 부합하는 정보를 찾을 때까지 그러한 행동을 지속할 것이기 때문이다. 일종의 확증 편향(Confirmaition Bias)인 셈이다. 아내는 이런 정보를 찾고 싶었을 것이다.

'마지막 조의 애들에게 별다른 질문을 하지 않은 것은 자기소개서를 보고 이미 학교 측에서 뽑으려고 마음먹었기 때문이다.'

이러한 믿음에 부합하는 정보를 찾을 때까지 계속해서 게시판을 뒤지고 집착하게 되는 것이다. 그런데 구미에 맞는 정보를 찾기란 쉽지 않다. 그사이 불안감은 높아질 대로 높아진다. 따라서 어떤 결과를 앞두고 불안한 상황이라면 그 결과에 대한 신경은 최대한 끄고 잘 기다리는 것이 중요하다. 어떤 결과를 앞두고 불안해하지 않고 잘 기다릴 수 있는 방법은 무엇일까?

첫 번째, 현실적인 기대치를 설정하는 것이다. 결과에 대한 기대치가 너무 높으면, 그만큼 불안이 커질 수 있다. 현실적인 기대치를 설정하고, 결과에 상관없이 최선을 다했다는 사실을 되새기는 것이 중요하다. 솔직히 경쟁률이 너무 높다. 거의 21:1 인 셈이다. '우리 아들 동건이는 최선을 다했다. 그게 중요하다. 현실을 인정하자'라고 생각하는 태도가 불안을 낮출 수 있다.

두 번째, 현재에 집중하자. 결과를 기다리는 동안 현재에 집중하는 연습을 하자. 현재에 집중하면 불안감에서 벗어날 수 있다. 예를 들어, 학교에 상관없이 아이들이 밝고 건강하게 지금도 잘 크고 있는 모습, 지금 학교에서 친구들과 잘 어울리며 전교 부회장까지 하고 있는 모습, 강아지와 즐겁게 산책하며 지내는 현재의 모습에 집중하는 것이다. 지금도 충분히 행복한데 미래의 결과 때문에 내내 불안해할 필요는 없지 않은가?

세 번째, 불안한 심정을 누군가와 나누어보는 것이다. 불안한 마음을 혼자 끙끙 앓지 말고, 믿을 수 있는 사람에게 털어놓아보자. 자신의 속마음을 누군가에게 털어놓는 것만으로도 시원한 해방감을 느낄 수 있다. 상대로부터 공감을 얻는다면 마음은 한결 더 편해질 수 있다. 그런 사람 한두 명은 여러분의 주위에 반드시 있다. 어떤 결과를 기다리며 불안해하고 있는가? 주사위는 이미 던져졌다. 이제 당신은 잘 기다리는 수밖에 없다. 잘 기다릴 수 있는 사람은 불안감도 잘 다스릴 수 있다. 당신이 그런 사람이 되면 좋겠다.

불안, 삶의 밤을 헤쳐 나가는
나침반이 되게 하기 위하여

밤하늘을 수놓은 별들은 분명 아름다운 광경이다. 하지만 방향을 잃은 자에게는 불안감을 자아낼 수 있다. 불안이라는 감정 역시 마찬가지다. 불안감을 적절히 이해하고 다스릴 수 있다면, 혼란스러운 감정의 틈에서도 불안감은 나침반처럼 길을 제시해준다. 불안감을 적절하게 다스리지 못하면 삶의 길을 보이지 않게하는 어둠이 되어버린다.

나는 이 책을 통해 독자가 불안을 이해하고 다스려 자기 삶의 밤하늘에 떠 있는 별들을 나침반 삼아 나아갈 방향을 찾는 데 도움이 되도록 하고 싶었다. 그러기 위해 불안의 모습을 살펴보고, 불안을 다루는 구체적인 방법을 제시했다.

앞서 강조하였지만 불안은 우리 삶에 자주 찾아오는 불청객이 맞다. 그렇다고 해서 그저 무시하거나 억누를 대상은 아니다. 불안을 어떻게 이해하고 다루느냐에 따라 불안을 건강한 삶의 동반자로 삼을 수도 있다. 불안이 보내는 메시지를 경청하고, 그 의미를 이해하며, 나아가 성장의 발판으로 삼아야 하는 이유다.

불안을 다루는 방법은 단 하나만 존재하지 않는다. 이 책에서 나는 인지행동 치료, 마음챙김, 명상, 운동, 식습관 개선, 심리 상담 등 다양한 방법들을 소개했다. 각자에게 맞는 방법이 하나쯤은 분명히 있을 것이다. 이중에서 독자들이 자신에게 맞는 방법을 찾을 수 있기를 바란다. 아무리 좋은 설명과 이론이라도 삶에 적용하지 않으면 아무 소용이 없다. 실행하지 않으면 버려진다. 이 책을 읽고 시간을 투자한 만큼 자신에게 맞는 방법을 꼭 찾고 활용해보길 바란다.

불안은 극복해야 할 대상에서 그치지 않는다. 불안을 통해 삶의 질을 향상시키고 살아가는 힘을 얻을 수도 있다. 이 책을 통해 앞으로 불안을 극복하고 나아갈 독자 여러분을 계속 응원하고 싶다. 독자 여러분 각자가 불안을 통해 자신을 더 깊이 이해하고, 잠재력을 발휘하며, 더욱 풍요로운 삶을 살아갈 수 있도록 기도한다.

책을 읽은 후 불안감을 이해하고 다스리는 과정에서 추가적인 도움이 필요하거나 궁금한 점이 있다면 언제든 연락을 주길 바란다(sogangbest@naver.com). 나의 글을 통해 독자와 좀 더 가깝게 소통하게 되는 것은 언제나 기쁘고 감사한 일이다. 불안을 이해하고 다루는 능력을 키우며, 원하는 삶을 살아갈 수 있기를 바란다. 불안을 넘어 빛나는 삶을 향해 나아가는 데 이 책이 도움이 되기를 기원한다.

참 고 문 헌

1 Bandura, A. (1977). Self-efficacy: Toward a unifying theory of behavioral change. Psychological Review, 84(2), 191-21

2 Pyszczynski, T., Greenberg, J., Solomon, S., Arndt, J., & Schimel, J. (2004). Why do people need self-esteem? A theoretical and empirical review. Psychological Bulletin, 130(3), 435-468.

3 Harris, L. T., & Fiske, S. T. (2006). Dehumanizing the Lowest of the Low: Neuroimaging Responses to Extreme Out-Groups. Psychological Science, 17(10), 847-853

4 https://dgmbc.com/article/hZucKmtwc3h-S6POI4RkvX

5 https://www.hankookilbo.com/News/Read/A2023021615440000334?did=NA

6 Dugas, M. J., Gagnon, F., Ladouceur, R., & Freeston, M. H. (1998). "Generalized anxiety disorder: A preliminary test of a conceptual model." Behaviour Research and Therapy, 36(2), 215-226

7 Struthers, C. W., Perry, R. P., & Menec, V. H. (2000). An examination of the relationship among academic stress, coping, motivation, and performance in college

8 Egan, S. J., Wade, T. D., & Shafran, R. (2011). Perfectionism as a transdiagnostic process: A clinical review. Clinical Psychology Review,

31(2), 203-212.

9 Touitou, Y., & Reinberg, A. (2017). Disruption of adolescents' circadian clock: The vicious circle of media use, exposure to light at night, sleep loss and risk behaviors. Journal of Physiology, Paris, 111(4), 467-479

10 Pennebaker, J.W., Kiecolt-Glaser, J.K., & Glaser, R. (1988). "Disclosure of Traumas and Immune Function: Health Implications for Psychotherapy." Journal of Consulting and Clinical Psychology, 56(2), 239-245.

11 Immordino-Yang MH, Christodoulou JA, Singh V. Rest Is Not Idleness: Implications of the Brain's Default Mode for Human Development and Education. Perspect Psychol Sci. 2012 Jul;7(4):352-64.

12 Campbell-Sills L, Barlow DH, Brown TA, Hofmann SG. Effects of suppression and acceptance on emotional responses of individuals with anxiety and mood disorders. Behav Res Ther. 2006 Sep;44(9):1251-63

13 Cohen, S., Janicki-Deverts, D., & Miller, G. E. (2007). Psychological stress and disease. Jama, 298(14), 1685-1687.

14 Daniel Goleman, "Emotional Intelligence" (1995)

15 https://www.work.go.kr/consltJobCarpa/jobPsyExamNew/jobPsyExamAdultList.do

16 Goldin, P. R., & Gross, J. J. (2010). Effects of Mindfulness-Based Stress Reduction (MBSR) on Emotion Regulation in Social Anxiety Disorder. Emotion, 10(1), 83-91.

17 Buss, D. M. (2019). Evolutionary psychology: The new science of the

mind.

18 Fredrickson, B. L., Cohn, M. A., Coffey, K. A., Pek, J., & Finkel, S. M. (2008). Open Hearts Build Lives: Positive Emotions, Induced Through Loving-Kindness Meditation, Build Consequential Personal Resources. Journal of Personality and Social Psychology, 95(5), 1045-1062

19 Kalisch, R., Wiech, K., Critchley, H. D., Seymour, B., O'Doherty, J. P., Oakley, D. A., Allen, P., & Dolan, R. J. (2005). Anxiety reduction through detachment: subjective, physiological, and neural effects. Journal of Cognitive Neuroscience, 17(6), 874-883

20 Gollwitzer, P. M., & Brandstätter, V. (1997). Implementation intentions and effective goal pursuit. Journal of Personality and Social Psychology, 73(1), 186-199

21 Grosso G, Pajak A, Marventano S, Castellano S, Galvano F, Bucolo C, Drago F, Caraci F. Role of omega-3 fatty acids in the treatment of depressive disorders: a comprehensive meta-analysis of randomized clinical trials. PLoS One. 2014 May 7;9(5):e96905.

22 Dèttore D, Pucciarelli M, Santarnecchi E. Anxiety and female sexual functioning: an empirical study. J Sex Marital Ther. 2013;39(3):216-40

23 ZHedon F. Anxiety and erectile dysfunction: a global approach to ED enhances results and quality of life. Int J Impot Res. 2003 Apr;15 Suppl 2:S16-9.

24 Lambert, N. M., Negash, S., Stillman, T. F., Olmstead, S. B., & Fincham, F. D. (2012). A love that doesn't last: Pornography consumption and weakened commitment to one's romantic partner. Journal of Social and Clinical Psychology, 31(4), 410-438.

불안이 삶의 무기가 되는 순간

초판 발행   2024년 10월 7일

지은이   최정우
펴낸곳   다른상상
등록번호   제399-2018-000014호
전화   02)3661-5964
팩스   02)6008-5964
전자우편   darunsangsang@naver.com

ISBN   979-11-93808-02-3 03190

독자 여러분의 책에 관한 아이디어나 원고 투고를 설레는 마음으로 기다리고 있습니다.
이메일로 간단한 개요와 취지, 연락처를 보내주세요. 독자님과 함께하겠습니다.